JN099505

ミネルヴァ教職専門シリーズ 2

広岡 義之 / 林 泰成 / 貝塚 茂樹
監修

教育の歴史と思想

貝塚 茂樹 / 広岡 義之
編著

ミネルヴァ書房

監修者のことば

21世紀に入って，すでに20年が過ぎようとしています。すべての児童生徒にとって希望に満ちた新世紀を迎えることができたかと問われれば，おそらくほとんどの者が否と言わざるを得ないのが現状でしょう。顧みてエレン・ケイは，1900年に『児童の世紀』を著し，「次の世紀は児童の世紀になる」と宣言して，大人中心の教育から子ども中心の教育へ移行することの重要性を唱えました。それからすでに120年を経過して，はたして真の「児童の世紀」を迎えることができたと言えるでしょうか。

そうした視点から学校教育を問い直し，いったい何が実現・改善され，何が不備なままか，あるいは何が劣化しているかが真摯に問われなければなりません。このようなときに，「ミネルヴァ教職専門シリーズ」と銘打って，全12巻の教職の学びのテキストを刊行いたします。教職を目指す学生のために，基本的な教育学理論はもとより，最新知見も網羅しつつ，新しい時代の教育のあるべき姿を懸命に模索するシリーズとなりました。

執筆者は大学で教鞭をとる卓越した研究者と第一線で実践に取り組む教師で構成し，初学者向けの教科書・入門的概論書として，平易な文章で，コンパクトに，しかも教育的本質の核心を浮き彫りにするよう努めました。すべての巻の各章が①学びのポイント，②本文，③学習課題という３点セットで統一され，学習者が主体的に学びに取り組むことができるよう工夫されています。

３人の監修者は，専門領域こそ違いますが，若き少壮の研究者時代から相互に尊敬し励まし合ってきた間柄です。その監修者の幹から枝分かれして，各分野のすばらしい執筆者が集うこととなりました。本シリーズがみなさんに的確な方向性を与えてくれる書となることを一同，心から願っています。

2020年８月

広岡義之／林　泰成／貝塚茂樹

はじめに

本書『教育の歴史と思想』は，主として大学生を対象とした教育史の入門書です。教育に関する思想や制度の変遷について，西洋と日本，二つの部でそれぞれ取り上げるかたちで構成されています。

西洋と日本の教育史を並べて学ぶことの意義は，きわめて大きいといえるでしょう。日本の教育は西洋の教育からさまざまな影響を受けてきました。たとえば，20世紀以降の西洋の歴史と思想のなかで，ジョン・デューイの学習理論（経験主義的要素）がどれほど，日本の戦後の教育改革に強い影響を与えたかという教育的事実については言を俟たないでしょう。本書においては，西洋教育史を学ぶにあたり，たんに各時代の教育者の思想を列挙して紹介して終わるのではなくて，現代の私たちの教育との関連性を念頭に置く視点を大切することが一つのテーマになっています。逆に，日本教育史を学ぶにあたっては，その時代固有の教育課題を捉える視点を浮き彫りにすることを目指しています。この二つの視点は，歴史を学ぶ大きな二つの意義であると申せましょう。

ここで，具体的に各章の特徴について述べておきたいと思います。第Ⅰ部の「西洋の教育の歴史と思想」は，２人の新進気鋭の教育学研究者による執筆です。第１章は古代ギリシア・ローマの教育を扱いますが，冒頭ではまず，教育思想史を学ぶ意義とねらいが書かれている点，人間の本質とは何かという問いに真摯に向き合っている点が特徴の一つといえるでしょう。第２章では，キリスト教中心の中世，ルネサンス～宗教改革の時代を取り上げます。聖書の教え，ピコ・デラ・ミランドラ，アウグスティヌス，トマス・アクィナス，トマス・モア等，他の西洋教育史では一般的にあまり深く記述されることのない哲学者や宗教家の教育思想が，興味深くわかりやすい筆致で，教育学の視点から描かれています。第３章は，近代の幕開けの時代，17世紀の教育です。パスカルやデカルトの人間観・知性観から教育が論じられている点も他の類書にない特徴です。

第4章では，近代市民社会が形成される時代の教育を扱います。ロックの『教育に関する考察』やルソーの『エミール』の内容が豊富に引用され，各教育家の思想の息吹が読者のみなさんに直接伝わることでしょう。第5章は保育・教育学にとって重要なフレーベルとヘルバルトを取り上げます。ヘルバルトの四段階教授法やチラーの中心統合法は図解で説明し，理解が容易になるような工夫がほどこされています。そして第6章では，公教育が整備されて以降の20世紀の教育を取り上げます。新教育と呼ばれる運動のほか，アメリカの進歩主義教育運動については，従来の西洋教育史にはあまり登場しなかったエマソンとオルコットにも触れています。両者ともに，現代の硬直した日本の教育状況のもとでは一考に値する精神性を重視した教育思想家です。さらにマイノリティ包摂の視点とノーマライゼーション思想の指摘も，きわめて今日的テーマであり，これからの教育にとって必要不可欠な要素であるといえるでしょう。

第Ⅱ部「日本の教育の歴史と思想」は，古代から現代までの約1300年に及ぶ歴史を六つの時代区分に分けて概観しています。第Ⅱ部は，5人の執筆者が，二つの視点を共有しながら各時代の教育の特徴と課題をまとめました。

第一は，歴史の転換点における教育の「連続」と「非連続」の視点，つまり「何を継承し，何を継承しなかったのか」を検討するということです。たとえば，1872（明治5）年の「学制」を起点とする近代教育は，それまでの教育の遺産をどのように引き継ぎ，または排除したのか。また，1945（昭和20）年8月の敗戦を契機とした戦前・戦中の教育から戦後教育への転換は，現代教育に何をもたらし，いかなる役割を果たしたのか。5人の執筆者は，各時代の固有の教育課題を見据えつつ，各時代間の「連続」と「非連続」とは何かを考えました。そしてそのことは，本書を学ぶみなさんにも共有していただきたい視点です。

第二は，各時代において「学ぶ」ということはどのように考えられていたのかについて検討することです。教育は，「教える―学ぶ」の関係が基軸となります。教育研究において「教えること」「学ぶこと」の意味が問われるのはそのためでもあります。第Ⅱ部の各執筆者は，各時代において，とくに「学ぶこと」がどのように考えられてきたのかについて注目しました。ICT 化などが急速に進み，「学ぶこと」の意味が多様化する状況のなかで，改めて「学ぶこと」の意義を歴史的に捉え直してみることが必要であると考えたためです。

具体的に，第７章は，古代・中世・近世における教育について，近代学校とは異なる性格を有する多様な「学校」の「学び」について整理しています。また，前近代の教育を近代教育の「前史」と位置付けるのではなく，前近代の視点から近代教育をみることの必要性にも言及しました。第８章は，明治期の近代的国民形成のシステムである国民教育の制度形成の過程や，近代社会における国民教育の果たした役割について，近世教育とのつながりも意識して検討しています。第９章は，大正期から昭和戦前期の教育に焦点を当て，この時期の子どもの「学び」に現代教育の源流があると捉えながら，それが昭和戦前期の「総力戦」体制のなかで変容する過程に言及しています。

第10章は，戦後教育改革期の教育に焦点を当て，新しい教育を創出する「模索」の過程を辿ることで，戦前と戦後の「連続」と「非連続」について考察します。また，第11章は，高度経済成長期における教育の諸問題を考えることで，戦後20年を経た時点での教育理念，教育制度改革の意味について再検討しています。さらに，第12章では，臨時教育審議会以降の教育施策の動向を辿りながら，教育改革の成果と課題を検討し，今後の展望について考えています。

テキストという性格上，内外の多くの研究者の成果を援用させていただきました。また各章末に引用・参考文献というかたちで諸文献を紹介させていただきました。これらに関係する方々にもお許しを請うとともに厚く御礼申しあげます。

本書の刊行にあたっては，ミネルヴァ書房編集部の深井大輔氏から温かいご配慮をいただき，衷心から感謝申しあげます。今後の教師教育研究の課題も多く，筆者たちはさらなる自己研鑽に取り組むつもりです。顧みてなお意に満たない箇所も多々気付くのですが，これを機会に十分な反省を踏まえつつ，大方のご批判，ご叱正，ご教示を賜り，さらにこの方面でのいっそうの精進に努める所存です。

2020年８月

編著者　貝塚茂樹／広岡義之

目　次

監修者のことば
はじめに

第Ⅰ部　西洋の教育の歴史と思想

第Ⅱ部　日本の教育の歴史と思想

第Ⅰ部

西洋の教育の歴史と思想

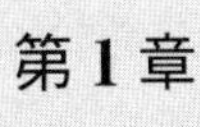

第1章

教育思想の源流
——古代ギリシア・ローマの教育——

「教育」とは何か。私たちは，この難問に挑む際に，教育思想を振り返ることから多くのヒントを得ることができる。そこで本章では，教育思想史のはじまりに位置する古代ギリシアとローマ時代を代表する思想と教育を取り上げる。ピュタゴラスから，ソクラテス，プラトン，アリストテレス，そしてキケロに至る人間観と教育観の変遷と特徴をみていこう。

1　教育思想史を学ぶ意義とねらい
——人間に教育は不可欠である

「どうして勉強しないといけないの？　なぜ学校で教育を受けなければならないの？」。親や先生に対して，あるいは，自分自身に対して，私たちはいったい何度，この問いを投げかけてきただろう。「教育」とは何か。私たちが人生で出会う問いのなかでもトップクラスに位置付けられる難問である。

現代社会に生きる多くの人は，この難問に対する答えを手に入れられないまま，日々の勉強に追われ，学びを続けてきたのではないだろうか。結局答えを得られなかったが，一応の段階まで，学業を何とか修めることができた人はよい。しかし，本書を手にしている人の多くは，近い将来，教壇に立つことを志している人である。もし子どもたちからこの難問を問われた時，あなたは，教師として何かを答えられるように準備をしておかなければならない。

明確な答えでなくてもよい。こうした疑問について考えるヒントだけでも与えてくれる人はいないのだろうか。人類の歴史を振り返ってみると，実は，結構たくさんいる。それが，教育思想家と呼ばれる人たちである。この点を意識することで，なぜ「教育の歴史と思想」を学ばなければならないのかということが明確になる。それは，子どもたちに対して，より適切な仕方で，「主体的・対話的で深い学び」（「小学校学習指導要領」「中学校学習指導要領」第１章「総則」など）を実現するための授業を担うことができる教師になることを目指して，教育思想史を学ぶことで，教育とは何かという簡単に一義的な答えを出すことができない難問を自分自身の問題と捉え，より深く向き合い，より多角的に考え多面的に議論することができるようになるためである。換言すれば，私たちが教育思想史を学び，教育の理念と教育思想の歴史的変遷を知ることは，教育とは何か，学ぶとはどういうことかという難問に頭を悩ませ，考え込む子どもたちにとって，よりよい伴走者としての教師を目指す努力にほかならない。

さて，教育思想家にとってもこの難問に直接答えることは難しいことであった。そこで，彼／彼女は問いを変更した。「そもそも人間とはどういう生き物なのか」，と。教育思想家は，なぜ教育を受けなければならないのか，という問いに答えるためには，人間のあり方を探究することから始めなければならないと考えた。人間はどのような存在者なのか，人間とは何か――この問いは，人間の本質とは何か，と表現することもできる――という問いからスタートすることにしたので，教育思想家の多くが，哲学者（または神学者）とも呼ばれる。

たとえば，哲学者**カント**（Immanuel Kant，1724～1804）の名前を聞いたことがないだろうか。彼は，『教育学』（1803）「序説」の冒頭で私たち人間を次のように定義している。「人間は教育されなくてはならない唯一の被造物である」（カント，1966：13），と。

人間は，生まれて間もない「乳児」の時には，母親をはじめとする家族や周りの人から世話をしてもらわなければ生きていけない。いろいろな人に支えてもらい，ケアしてもらったおかげで，私たちは乳児から「生徒」に成長する。生徒になれば，学校などで先生からいろいろなことを教えてもらいながら生きていく。さらに，もう少し成長すると，今度は誰かの「弟子」になる。弟子は，師匠にさまざまな技術（技芸）を伝授してもらい，訓練を受け，その技術や能力を磨き，高めながら生きていく。これが，カントが提示した人間観（人間とは何かという問いへの答え）である。この答え（人間観）をもとに，カントは「教育」をこう定義する。教育とは，「養護（保育・扶養），訓練（訓育），教授ならびに陶冶」のことである，と（カント，1966：13）。

ここで注意してほしいことがある。それは，今示したカントの人間観と教育の定義をたんに丸覚えすることや無批判に受け入れることはしない，ということである。上で触れたように，教育思想史を学ぶ意義とねらいは，子どもたちがそれぞれの人生のなかで，容易に解決することができない難問に直面した時に，簡単に逃げ出すことなく自ら積極的に向き合い（主体的），他者の知恵を借り，他者とともに知恵を出し合いながら（対話的），より説得力のある（深い）答えを導き出すことができるようになるための授業を担う教師になることにある。だから，このような教師になることを志す読者の読み方はこうだ。「カントの人間観は妥当なものか？　彼の教育の定義は広すぎるのではないか？」。

2　古代ギリシア思想と教育

（1）人間は生まれつき，知ることを欲する

本章で扱う古代ギリシア思想とは，紀元前 5 世紀のアケメネス朝ペルシアとの戦争で頭角を現した「ポリス（都市国家）」であるアテーナイを中心に展開された哲学・倫理思想を指す。

最初に，古代ギリシアを代表する思想家であり，リュケイオンという名前の学校を創設し，論理学，自然学，政治学，倫理学など，さまざまな学問について考えた「万学の祖」，哲学者**アリストテレス**（Aristoteles，BC 384〜BC 322）の言葉をみておこう。彼は『形而上学』第 1 巻第 1 章の冒頭でこう述べている。「すべての人間は，生まれつき，知ることを欲する」（アリストテレス，1959：21）。私たちは，生まれつき何かを知りたいという衝動や，理解したいという欲求を持っている。この衝動や欲求が，誰かに何かを教えてもらいたい，自分で何かを追究したいという好奇心や探究心の源である。アリストテレスは，この人間の欲求こそが，教育という営みの根本原因である，と考えた。では，古代ギリシアにおいて，人間の好奇心や探究心は，どのような教育法を生み出したのだろうか。

（2）ピュタゴラスの教育法

かつて，学校で教わった事柄に関してもっとよく知りたい，さらに調べてみたいという気持ちを持った人は多いだろう。しかし，学んだことすべてについて，このような気持ちが起こるわけではない。では，このような気持ちが起こらなかった時はどうすればよいのだろうか。これを第一の問いとしよう。

第一の問いに対する一つの答えは，まずご褒美を提示して子どものやる気を引き起こすというものである（「まず」という言葉に注意してほしい）。この典型例は，「もし次のテストで100点を取ったら，いつもの２倍のお小遣いをあげよう」というものである。

このご褒美方式はすでに，2500年以上前に考案されている。あの**ピュタゴラス**（Pythagoras，BC 582～BC 496）が使った手である。三平方の定理の発見者として，私たちもよく知っているピュタゴラスは，この世界の根本原理が「数」であると喝破した哲学者である。彼によれば，この世界は，シンプルな数学的比例関係によって表現することができる秩序（自然法則）に基づいて存在している。規則正しい天体の運行，一定の周期で繰り返される季節の移ろいなど，数学的な秩序のおかげで，この世界は「調和（ハルモニア）」を保っている。このような考えを持つピュタゴラスにとって，三平方の定理は，たんなる数学の初歩的知識の一つではなく，この世界に調和をもたらしている根本原理にかかわる非常に重要なものでもあった。

このピュタゴラスが，ある時その見識の高さを認められ，彼の祖国で学問的知識を国民に伝授してほしいと依頼された。しかし，その教授法が合わなかったために，うまく国民に伝えることができなかった。その時，彼は，スポーツ好きで逞しいが，貧しいために生活が楽ではない若者を見つけ，こう提案した。「学問を，少しずつ，苦労しないで，段階的に，一度にたくさんの重荷にならないようにして」教わるのなら，スポーツや体の鍛錬を続けていけるだけの生活費を継続的に与えよう，と。若者は，ピュタゴラスの提案を承諾した。もちろん，それは「生活の資の欲しさ」からであったのだが（ピュタゴラスのご褒美方式が成功した）。ピュタゴラスは，若者に算数と幾何の知識を教え，そのたびに約束通り報酬を渡した。ピュタゴラスは，このような授業を長期間続けた。

その際，「非常な熱意をもって真剣に，しかも最良の順序で」行った（イアンブリコス，2011：26～28）。

ピュタゴラスからこのようなやり方で知識を授けられた若者は，数学と幾何の「楽しさと整合性」を知り，その後，報酬の有無に関係なく，「自発的に」学ぶことができるようになった。彼は，ピュタゴラスというよい先生に「適切な方法で導かれた」おかげで学問のとりこになり，自分でさらに学習を続け，体育の書物を残すほどの人物になったという（イアンブリコス，2011：28）。ここに，教育のあり方，教師の教え方について考えるための重大なヒントがある。

（3）ソクラテスの教育論

アリストテレスがいうように，生まれつき知ることを欲する生き物が人間であるとしても，私たちにこの世のすべてを知ることができるわけではない。知りたいと願ってもその願いのすべてが叶うわけでもない。人間は有限な生き物である。しかし，この一見当たり前の人間観がどう教育に関係するのだろうか。これを第二の問いとしよう。

この問いに答えるために，まず有名ななぞなぞに挑んでもらいたい。それは，「この世で最高の知とは何か？　それさえ知っていれば，人間のなかで最高の知者になれるような知恵とは何か？」というものである。この答えがわかるだろうか。それは「人生にとって大事なことについて，自分はまったく何もわかっていないという知恵」である。この答えを出したのが**ソクラテス**（Socrates，BC 469？～BC 399）であり，この知恵は「無知の知」と呼ばれている。

ソクラテスの友人カイレポンが，デルポイ神殿に行き，神々に問いかけた。この世にソクラテスより賢い者がいるか，と。すると神々の言葉を預かることができる巫女は，ソクラテスより知恵のある者は誰もいないと答えた。この神託（神々から与えられた答え）に一番驚いたのはソクラテスであった。というのも，ソクラテスは自分がこの世で最高の知者であるなどと考えたこともなかったからだ。しかし，神々が嘘をつくということも考えられない。そこで，ソクラテスは自分でこの神託の真意を探ろうとした。では，彼は，どのようにしてそれらを探ろうとしたのか。

その答えは問答による対話である。この対話は，一般的に「ディアレクティケー（哲学的問答法）」と呼ばれている。ソクラテスは，当時の有名な政治家や悲劇作家など，知者と呼ばれていた人たちのもとに出かけては討論した。そして，神託の真意について，ついに自分の納得のいく答えを導き出した。その答えはこうだ。神だけが本当の知者であろう。どんなものであれ，人間の知は神の知に比べれば，本当に取るに足らない，価値のないものなのだろう。だから，人間のうちで最も知恵のある者というのは，自分の持っている知識を過剰に誇ったり，ひけらかしたりせず，実際には何の価値もないものなのだということを自覚している者のことであろう。そして，ソクラテスという名前はあくまでも一例であって，自分が知っていることなど，神々が知っていることと比較すれば本当にたいしたものではない，そう自覚している者はみな最高の知者と呼ばれるのだろう。これが，神託の真意に違いない，と（プラトン，1978a：421～422）。

もちろん，このソクラテスの答えが正解だったのかどうかはわからない。というのも，人間が神々の真意に辿りつくことなどできないのだから。では，私たちがソクラテスから学ぶことができることは何だろうか。それは，この答えを自分で導き出したあとの彼の生き方に見出すことができる。ソクラテスは，人間が知ることができるものに本当の価値はないのかもしれないとわかったうえで，神々の知に近付くためにいろいろな人と問答し，対話を重ねていった。彼が人生を通じて私たちに示したことは，自分が学んだことに簡単に満足せず，さらに高みを目指して苦しいプロセスを継続していくことが人間の学びの秘訣であり，教育のあり方である，ということにほかならない。ここに，ソクラテスの教育法を理解する鍵がある。それは，神々の知と人間が獲得できる知には，文字通り天地の開きほどの決定的な差異があることを自覚し，つねに謙虚な態度で他の人々と協力（対話）しつつ，神々の知へと向かって精一杯努力することで，己の限界に挑もうとすることである。

図1-1　ソクラテス

（4）プラトンの教育思想

このソクラテスの教育法をよりシステマティックな形で実現したのが**プラトン**（Platon, BC 427〜BC 347）であった。彼は，師であったソクラテスの思いをたんに継承するだけでなく，さらに自分なりに昇華させて，アカデメイア——「アカデミー」の語源——という学校を創設して，独自の教育活動を展開した。その学校の入り口には「幾何学を学んでいない者は，この門をくぐってはならない」という言葉が掲げられていたという。なぜ，幾何学を学んでいない者は入学できなかったのか。これを第三の問いとしよう。この第三の問いのなかに，プラトンの教育思想を理解する鍵がある。

アカデメイアでの学びには，神々の知へと到達するために綿密に配慮されたカリキュラムがあった。この神々の知が「イデア」と呼ばれるものである。なお，プラトンの「イデア論」は，哲学・倫理学のなかで最も有名な理論の一つである。

しかしながら，このイデアは，そう簡単に到達できるようなものではない。なぜなら，それは神々の知であるからだ。イデアに到達することがいかに困難なことであるかを示すために，プラトンは『饗宴』のなかで，自分の師匠であり，世界一の知者といわれるソクラテスが美のイデアについての教えを受ける場面を描いている。ソクラテスは，神々からその言葉を預かることのできる巫女ディオティーマから美のイデアについて教わった。しかし，そこで，ソクラテスは彼女からこう宣告される。究極最高の秘儀であるイデアについて，おそらくお前は理解することができないだろう，と。

では，私たち人間は，神々の知であるイデアにまったく手が届かないのだろうか。その答えは Yes であり No である。どういうことか。人間が神々の知に到達するためには，ある特別な訓練が必要であるということである。ただし，特別な訓練を積んだからといって，確実に神々の知に到達できると断言することは，誰にもできないのだが。

図1-2　プラトン

このある特別な訓練とは何か。ここで，アカデメイアの入り口に掲げられていた「幾何学を学んでいない者は，この門をくぐってはならない」という言葉を思い出してほしい。実は，幾何学こそが，特別な訓練の一つにほかならない。

プラトンは，イデアの特徴についていろいろな仕方で説明している。そのなかに，「肉眼にはかくされている不可視的なもの」という説明がある。私たちは，日常生活のなかでさまざまな美しいものを見たり，聞いたりする。花，建物，人，数式，芸術作品などなど，枚挙に暇がない。しかし，美のイデアとは，そうした個々の美しいもののことではない。そうした個々の美しいものがまさに美しいと感じられるのはなぜか，そもそも美しいこととはどういうことか，という問いの答えにかかわる理由や根拠であり，真の原因として，ありとあらゆる個々の美しいものを貫いて／超えて存在する美そのものであり，美の本質のことである。これが，イデアの「超越性」という特徴である。

私たちは，個々の美しいものについては肉眼で捉えることができる。しかし，それらすべての美しいものが持っている美しさそれ自体を肉眼で捉えることはできない。では，美しさそれ自体はどのように捉えればよいのだろうか。プラトンの答えはこうだ。肉眼ではなく，心の眼である魂によって捉えるのだ，と。

いきなり，心の眼や魂などといわれれば，奇妙に感じられるかもしれない。しかし，私たちはすでに，肉眼を介して，心の眼，魂で物事の本質を観る訓練を実際に行っているとすればどうだろう。ここで，「三角形の内角の和は180度である」という幾何学の知識をどのような仕方で学んだのかを思い出してほしい。その時先生は，私たちの肉眼で見えるように，黒板にチョークで三角形を描いてくれたはずだ。あるいは，各自が紙に三角形を描き，その三つの角をはさみで切り取って，180度になるように置き換えるという作業を行ったのではないだろうか。もちろん，見たり，切り取って置き換えたりすることができるのは三角形のようなものであって，三角形そのものではない。私たちは，肉眼で捉えられる具体的な個々の三角形のようなものを介して，直接見ることも触ることもできない三角形そのものの本質的な事柄（「三角形の内角の和は180度である」ということ）を見抜くための方法を学んでいたのである。

この三角形の学びが示していることを確認することによって，幾何学がどういう意味で特別な訓練であるのか，イデアを捉えるための特別な訓練であるのかということも理解できるだろう。ソクラテスが示した神々の知へと向かう姿勢を継承したプラトンは，肉眼によって捉えられるような個々のものだけに目を奪われている限り，私たちが神々の知に到達することはけっしてできないと考えた。そこで，肉眼で見えるものを介して，心の眼である魂によって，この世界に存在するものの本質的な事柄を観る訓練を重ねていくことを通して，最終的にはまったく不可視的なもの，言論と思考によってのみ「学び知る」ことができるものを捉えられるようにならなければいけないと主張したのである。

ここに，プラトンの教育思想の根幹を読み解く鍵がある。教育とは，適切な訓練を通じて，実際に目で見ることから心の眼である魂で観ること（見抜くこと）へと移行する術を身に付けること，思考と言論によってのみ捉えることのできる不可視的なものへと，真善美という事柄の本質へと自らの「魂を向け換えること（ペリアゴーゲー）」である。教育の役割は，たとえば，幾何学の知識をたんに丸覚えするように，何らかの知識を外側から注入していくことではない。私たちの目では直接見ることができない神々の知を目指して，人間の魂をその内側から自ら向け換えることにある（プラトン，1978b：248）。

では，プラトンの教育思想の根幹を理解したうえで，彼の教育論の概要についてみてみよう。

プラトンは，『国家』――ギリシア語原題は「ポリーテイア」であり，「国制」とも訳される――のなかで，いくつかの独自の教育論を展開した。たとえば，『国家』第3巻では，神話（物語）を利用した神についての教育，身体を鍛え，気力と体力を育成するための体育，そして，魂に善いリズムとハルモニア（調和）を与え，正しく整調するための音楽教育からなる青少年の初等教育カリキュラムが述べられている。

さらに，『国家』第5巻から第7巻では，哲学者が王になるか，あるいは現在，王や権力者と呼ばれている者が本当の意味での哲学をすることによって，政治的権力と哲学的精神とを一体化させる能力を身に付けるかしなければ，個々の国家だけでなく人類にとっても不幸が止むことはない，とする「哲人王思想」を実現するためのカリキュラムも提示されている。このカリキュラムでは，哲人王になるために習得しなければならない必須の教科として，「算術」「幾何学」「天文学」「音階論」「ディアレクティケー（哲学的問答法）」が挙げられている。

現代の大学のカリキュラムを当たり前のものだと思い込んでいる私たちからすれば，「哲学（倫理学）」「政治学」「教育学」はそれぞれ異なる学問学科にみえるかもしれない。しかし，このプラトンの『国家』が代表しているように，古代ギリシアにおいては，上述の三つの学問は，一人の人間として，そして社会の一員としてより善く生きることを探究し，実現するための一体的な学問と考えられていたのである。

（5）アリストテレスの教育思想

「魂の向け換え（ペリアゴーゲー）」という独自の教育を掲げていたプラトンのアカデメイアからは，優秀な人材が多く輩出された。なかでも最も有名な人物がアリストテレスである。アリストテレスは，プラトンの教えをしっかりと学んだうえで，さらに独自の考えを展開した。

このプラトンとアリストテレスの関係のなかにも，教育とは何かを考えるための大事なヒントがある。それは，先人の教えを守り，引き継ぐとはどういうことか，という問いである。師から学んだこと，教えられたことを忠実に守り続けていくことには意味がある。しかし，ただ教えを遵守するだけではいけない。師や先人を尊重しながら，その不備や弱点を見つけ，改善していくことが弟子の役割であり責任である。

アリストテレスの教育目標は，一言でいえば，より善い国家の形成とその構成員である市民や支配者などを育成することである。では，アリストテレスの教育思想はどのようなものだったのか。この問いに答えるために，彼の人間観を『政治学』と『ニコマコス倫理学』から探ってみよう。

アリストテレスによる人間の定義は，あなたもきっと知っているにちがいない。「人間は自然にもとづいてポリス的動物である」。この一節は，人間は生まれながらに社会的な動物である，と表現されることが多いのかもしれない。

「ポリス」という言葉は，歴史の教科書などで，「都市国家」と訳されることもある。間違いではないのだが，アリストテレスの言葉を使っていっそう正確に説明すれば，それは，「複数の村」によって形成され，その住民があらゆる面で「自足」した生活を実現するための「要件を極限まで充たした完全な共同体」のことである。そのなかで暮らす住民にとって何一つ不足したものがないという意味で，「人々が善く生きるため」に，人間の自然本性から生まれてきたものがポリスである（アリストテレス，2018：22～26）。しかし，完全な共同体を実現するのは容易なことではない。そこで，アリストテレスが考えた具体策の一つが，ポリスで暮らす人々を善き市民に育成するための教育論であった。

しかし，善き市民を育成するにはどうすればよいのだろうか。この問いに対するアリストテレスの答えは簡潔だ。第一に，「読み」「書き」「体育」「音楽」（または，「読み」「書き」「体育」「図画」）の四教科の教育を行うこと（アリストテレス，2018：418～422）。そして，第二に，私たち一人ひとりが「徳（アレテー）」を身に付けること。「徳」とは何か。それは，端的にいえば，私たちの行為がそれ自体で快いもの，美しいもの，善いもの，立派なものであるということを保証する何かのことである（アリストテレス，2002：33～36）。ここで重要なことは，アリストテレスが私たちの究極目標である「人間の幸福」を，この徳に基づいてなされる――身体ではなく――「魂の活動」だと定義していることである（アリストテレス，2002：48～54）。

私たち人間の魂のあり方と人間の幸福とを関連付けるという図式は，プラトン（あるいはソクラテス）の教育論を想起させる。しかし，アリストテレスの教育論は，社会のなかで生きている人間の幸福をいっそう重視するという点で，プラトン（あるいはソクラテス）の教育論と大きく異なる。

図 1－3　アリストテレス

では，魂の活動としての徳を身に付けるにはどうすればよいのだろうか。アリストテレスによれば，徳には，「智恵」や「理解力」といった思考にかかわる徳と「勇気」や「節制」「気前の良さ」といった倫理的性格にかかわる徳の二種類がある（アリストテレス，2002：53〜54）。このどちらの徳を身に付けるにも教育が必要である。まず，思考にかかわる徳は，その人の生まれつきの素質に加え，適切な仕方で教えてもらうこと，「教示」が必要である。他方，倫理的な性格の徳を身に付けるためには「習慣づけ」が必要である。これら二つの徳に関して共通することは，それらの徳がたんに頭のなかで理解されているだけでは十分ではなく，実際にその徳に基づく「行為を現実化すること」ができるということにある（アリストテレス，2002：56〜59）。

この考え方は，現代の学校教育においても重要視されていることであろう。今日の学校教育で，私たちが子どもたちに求めていることは，たんに計算の仕方がわかること，正しい文章の書き方を理解すること，あるいは勇気ある行為とはどのような行為かを思い描くことができるといったことではない。それらを実際に子どもたち自身が実践できることである。

しかし，子どもたち自身が実際にある行為を徳に基づいて行うことができるようになったのかどうかを教師が判断するのは大変難しい。この点に関して，アリストテレスが挙げる三基準がヒントになる。それは，(1)行為者がなすべき行為をちゃんと知っていること（行為の知識），(2)自分で選択した行為，しかも，別の理由からではなく，その行為そのもののために自分で選択した行為であること（行為の動機），(3)行為者が確固とした揺るぎのない状態で行為していること（行為の習熟）の三基準である。この三つの基準のうち，後ろ二つの動機と習熟を高めるために不可欠なものが，何度も正しい行為や適切なふるまいを行うことによる「習慣づけ」である（アリストテレス，2002：66〜68）。

3　ヘレニズム・ローマの思想と教育

（1）ローマ人の初期教育

プラトンやアリストテレスといった古代ギリシアで開花した数々の思想を吸収し，ヨーロッパにおいて，王政，共和制を経て，後に元首制による一大帝国を築き上げたのがローマ人であった。では，このローマの人々にとっての教育はいったいどのようなものだったのだろうか。

鹿野治助によれば，ローマ人の初期教育は，家庭教育，それも父親から子どもたちへの教育がメインであった。父親は，読み書きや法律，歴史だけでなく，とくに男児に対して，武器の使い方，乗馬，水泳なども教授した。こうした家庭教育のあり方と相まって，ローマでは親に対する義務や祖国に対する忠誠心が子どもが身に付けるべき徳とされた。しかし，時代の流れとともに，親が忙しくなったことや経済的に余裕が出てきたことなどの理由から，各分野の専門家が家庭教師として教育を担うことになった。この父親から家庭教師への転換とともに教育内容も変化し，ギリシア的なものが色濃く入り込むようになった（鹿野，1968：8～10）。

（2）キケロの教育思想

この問いに答えるためのヒントを，共和制時代のローマを代表する哲学者であり弁論家，教育者であった**キケロ**（Marcus Tullius Cicero，BC 106～BC 43）に求めよう。キケロの教育思想を読み解くうえで最も重要なキーワードが「フマニタス（humanitas）」である。大西英文によれば，一般的に，「人間性」や「人間的教養」と訳されるこの言葉は，キケロによる造語であり，その意味は，「人間をして『真の人間』たらしめるもの」である（大西，2005：324）。キケロは，人間が言葉を用いて自分の感情や考えを表現できることを「人間が獣にまさる唯一最大」の能力だと述べている。言語の持つ力が，私たちに「人間的で文化的な生活」をもたらした。意見の相違や争いを武力で解決するのではなく，言語の持つ力によって形作られた法律や裁判（制度）によって解決することから真の人間に相応しい市民社会が始まったのである（キケロ，2005：27～28）。

この人間性に密接にかかわる言語の使用法を探究する学問が「弁論術」である。もっとも，この弁論術そのものは，古代ギリシア時代から存在した。キケロは，このギリシア由来の弁論術を「文法」「修辞学（レトリック論）」「論理学」の三学科に区分し，さらに精緻なものに仕上げようとしたのである。

キケロは，この三つの学科に，さらに，「算術」「天文学（運動理論）」「幾何学」「音楽理論（音階論）」というギリシア由来の四学科――プラトンの哲人王思想のカリキュラムを思い出してほしい――を加え，人間が学ぶべき学問学科の原型を打ち立てた。それが今日「リベラル・アーツ」と呼ばれる「自由七科（artes liberales）」である。なお，このキケロによって打ち出された「弁論術」の重視と「自由七科」という教育論は，**クインティリアヌス**（Marcus Fabius Quintilianus，35頃～100頃）らによって，帝政ローマ時代の教育の基礎として継承された。

さて，ここで，教員を志すあなたにぜひ考えてみてほしいことが二つある。第一は，キケロが重視した弁論術は，現代風に書き直せば，「プレゼンテーション能力」にかかわる技術のことであり，この技術は，今日大変重視される能力の一つであるということだ。自分のアイデアを他者に対していかにわかりやすく伝えるか，自分の考えをもとにどのようにして他人を説得するのか，といった技術は，教員だけでなく，どんな職業でも求められるものである。もちろん，プレゼンでは言葉以外も大事ではあるが，コミュニケーションにおける誤解やすれ違いを少しでも取り除くためには，言論の技術を高めることが不可欠であろう。キケロに倣い，言葉を大事にすることの意味について考えてみてほしい。

第二に，キケロが提案した自由七科は，人間が真の意味で人間らしくなるために必須の学問学科であるという理念によって裏打ちされているにもかかわらず，すべての人間に向けてなされた教育カリキュラムではなかったということである。「自由七科」を意味する artes liberales の「liber」には，「自由人のための」という意味に加え，人間として「品性すぐれた」という意味が含まれている（大西，2005：319）。ローマには，古代ギリシアと同様，奴隷制度が存在していた。このことが示しているのは，自由七科が最初から奴隷身分のヒト（十分な人間性を身に付けていないので獣のように扱われる人間）にはまったく必要のないものであると考えられていたということである。悲しいことであるが，キケロが生きていた時代から2000年以上経過したこの世界にも，奴隷やそれに近い生き方を強要されている人が多数存在する。教育は，限られた者だけが受ければそれでよいものなのか。人間性とは，すべての人間が手に入れなくてもよいようなものなのか。あなたはどう考えるだろうか。

最後に，教育とは何か，学びとは何かという難問に立ち向かうための力を与えてくれるものについてのキケロの言葉を紹介しよう。その力とは「友情(amicitia)」である。教育活動や学ぶことには，順調な時もあれば大変な苦労を感じる時もある。順境には順境なりの仕方で，逆境には逆境なりの仕方で私たちを支えてくれる人が真の友情で結び付いた友である。キケロはいう。本当の友人同士でのみ感じることのできる善意のなかで安らぐことのない人生など，生きるに値しない人生である。人生がうまくいっている時に，自分と同じように喜んでくれる友がいることで，喜びはますます大きなものになる。反対に，逆境に打ちひしがれている時に，自分以上に心を痛めてくれる友がいてくれるから，私たちはその逆境に何とか耐えることができるのだ，と（キケロ，2004：26)。

教育とは何か。それは，誰かに学ぶことであり，誰かを教え導くことであろう。複数の人間がさまざまな仕方でかかわり合いながら――そして，時には，自分自身とかかわりながら――なされるもの。そのなかでも，友とともに学ぶことができることのありがたさに気付かせてくるもの，それこそが教育だと，キケロなら答えるであろう。

学習課題
① ピュタゴラスの教育法の是非について話し合ってみよう。
② アリストテレスの倫理的な性格の徳という考えが現代の教育に与えた影響について調べてみよう。
③ 「リベラル・アーツ」の現状について検討してみよう。

引用・参考文献

アリストテレス『形而上学（上)』出隆訳，岩波書店，1959年。
アリストテレス『ニコマコス倫理学　西洋古典叢書』朴一功訳，京都大学学術出版会，2002年。
アリストテレス「政治学」『アリストテレス全集17』神崎繁ほか訳，岩波書店，2018年。
イアンブリコス『ピタゴラス的生き方　西洋古典叢書』水地宗明訳，京都大学出版会，2011年。
大西英文「訳注」M. T. キケロ『弁論家について（上)』大西英文訳，岩波書店，2005年。
鹿野治助「古代ローマの三人の思想家」鹿野治助責任編集『キケロ　エピクテトス　マルク

ス・アウレリウス　世界の名著13』中央公論社，1968年。
カント，I.『教育学・小論集，遺稿集　カント全集第16巻』尾渡達雄訳，理想社，1966年。
キケロ，M. T.『友情について』中澤務訳，岩波書店，2004年。
キケロ，M. T.『弁論家について（上）』大西英文訳，岩波書店，2005年。
プラトン「ソクラテスの弁明」田中美知太郎訳，田中美知太郎責任編集『プラトンⅠ　世界の名著６』中央公論社，1978年a。
プラトン「国家」田中美知太郎・藤沢令夫ほか訳，田中美知太郎責任編集『プラトンⅡ　世界の名著７』中央公論社，1978年b。
文部科学省『小学校学習指導要領（平成29年告示）解説　特別の教科道徳編』廣済堂あかつき，2018年。
レーブレ，A.『教育学の歴史』広岡義之・津田徹ほか訳，青土社，2015年。

第２章

中世のキリスト教主義教育
――ルネサンスから宗教改革へ――

中世は，社会のさまざまな場面で，キリスト教が支配的な役割を果たしていた時代であった。そこで本章では，西ローマ帝国滅亡の476年から東ローマ帝国滅亡の1453年までのおよそ1000年間のヨーロッパ中世において展開されたキリスト教に立脚した教育思想について，ピコ・デラ・ミランドラ，アウグスティヌス，ルネサンス期のエラスムス，宗教改革に尽力したルターを中心にみていこう。

1　中世キリスト教主義教育
――神とともに生きるための教育

（1）ユダヤ・キリスト教的人間観

中世ヨーロッパという時代を規定していたものの一つはキリスト教である。キリスト教は，コンスタンティヌス帝が313年に発布したミラノ勅令によって公認された後，392年，テオドシウス１世によってローマ帝国の国教とされた。その後，ローマ帝国は，395年に東西に分裂した。西ローマ帝国は，ゲルマン民族の進入によって476年に滅亡した。東ローマ帝国は，オスマン・トルコ帝国によって1453年に滅亡した。キリスト教は，ローマ帝国によって公認されてから，東ローマ帝国が滅亡した1000年以上もの間，ヨーロッパ文化の中核を担うものであった。こうした歴史的背景のもと，中世ヨーロッパでは，キリスト教に立脚した独特の教育システムや教育思想が形成されていった。これを中世ヨーロッパのキリスト教主義教育と呼ぶことにする。

この中世ヨーロッパのキリスト教主義教育は，現代を生きる私たちが教育のあり方について考察するために，どのようなヒントを与えてくれるのだろうか。

この問いに答えるために，まず，この教育の核心であるユダヤ・キリスト教的人間観の特徴を確認することから始めたい。

ユダヤ・キリスト教的人間観の特徴は何か。ここでは，中世ヨーロッパの教育にかかわる「神の像と似姿によって造られた人間」「人間の生命の神聖さ」「人間の尊厳としての自由意志」「隣人愛」の四つのキーワードを取り上げたい。

まず，第一のキーワード「神の像と似姿によって造られた人間」についてみてみよう。『旧約聖書』「創世記」によれば，私たち人間は，他の創造物に比べ，神の特別な配慮のもとで創造された。特別な配慮とは，人間の姿形が，神にかたどって，似せて造られているということである。

> 「我々〔＝神〕にかたどり，我々に似せて，人を造ろう。そして海の魚，空の鳥，家畜，地の獣，地を這うものすべてを支配させよう。」神は御自分にかたどって人を創造された。神にかたどって創造された。男と女に創造された。神は彼らを祝福して言われた。「産めよ，増えよ，地に満ちて地を従わせよ。海の魚，空の鳥，地の上を這う生き物をすべて支配せよ。」
>
> （「創世記」：第１章26～28節，〔 〕内筆者による補足）

ユダヤ・キリスト教は，「神聖四文字 YHWH」で表記される「主（アドーナイ）」を唯一の神とする一神教である。にもかかわらず，上述の引用で「我々」と書かれているのは，神の至高の尊さを称えるために使用される「複数形（尊厳複数形）」である。神が自らの姿に似せて人間を造ったこと，「神の像と似姿」に基づく人間，これこそ私たち人間が他の被造物と比べて，特別の配慮を受けているという証拠である。ここに人間の姿形に関するユダヤ・キリスト教的人間観の特徴がある。

さらに，私たち人間の生命も神による特別な計らいを受けている。「主なる神は土（アダマ）の塵で人（アダム）を形づくり，その鼻に命の息を吹き入れられた。人はこうして生きる者となった」（「創世記」：第２章７～９節）。私たち人間の生命は，その与えられ方が特別なのである。これが第二のキーワード「人間の生命の神聖さ」の意味である。人間の生命が神聖な理由は，神が直接その息を吹き込んだことで人間が生ける者になったからである。ここに人間の生命に関するユダヤ・キリスト教的人間観の特徴がある。

この人間の生命の神聖さという特徴は，現代の生命倫理学における安楽死（尊厳死）問題と密接に関係する。ユダヤ・キリスト教的人間観によれば，人間の生命は，神による特別の計らいによって与えられたものである。そのあり方は神聖である。その所有者は神である。この考え方に則れば，被造物にすぎない人間には，たとえどんな状態になったとしても，自ら生命を絶つような権利も資格もない。生命に関して，私たちがなすべきことは，与えられたどんな状態も受け入れ，自分の生命を全うすることだけである。

話をユダヤ・キリスト教的人間観の特徴に戻そう。第三のキーワードが「人間の尊厳としての自由意志」である。15世紀を代表する神学者，哲学者の一人である**ピコ・デラ・ミランドラ**（Giovanni Pico della Mirandola，1463～1494）は，その主著『人間の尊厳について』（1486）のなかでキリスト教の神を称えつつ，人間の自由意志こそが神から与えられた最高の贈物であり，人間の最大の幸福であると述べている。

> おまえ〔＝アダム〕は，いかなる束縛によっても制限されず，私〔＝神〕がおまえをその手中に委ねたおまえの自由意志 arbitrium に従っておまえの本性を決定すべきである。……おお，父なる神のこの上ない「寛大な自由」liberalitas よ，人間の最高にして驚嘆すべき幸福よ。彼（人間）には，望むものを持ち，欲するものになることが許されています。
>
> （ピコ，1985：16～17，〔 〕内筆者による補足，（ ）は原文ママ）

なぜ自由意志が最高の贈物であり，最大の幸福なのか。それは，この自由意志によって，人間の創造主たる神に少しでも近付くように生きることができるからであり，人生の自己選択のなかで，存在に関してより上位の神的なものへと生まれ変わることができるからである（ピコ，1985：16～17）。神によって与えられたこの自由意志こそが人間を，他の被造物から明確に区別する能力である。この能力こそ人間が人間である所以であり，人間が人間にしかできない生き方をするための拠り所にほかならない。これが，「人間の尊厳としての自由意志」である。

もちろん，自分で自分の生き方やあり方を選択することができる自由意志を持っているということは，私の人生には，神的なものへと生まれ変わる可能性だけでなく，その反対の獣的なものへと生まれ変わる可能性，さらには，獣にも劣るような存在に堕落する可能性もあるということである。ここから，ユダヤ・キリスト教的人間観における人生の至上命令（目標）が明確に規定される。それは，「あなたがたの天の父が完全であられるように，あなたがたも完全な者となりなさい」（「マタイによる福音書」：第５章48節）という命令である。

しかし，この命令における完全な者になるとはどういうことか。それが，最後のキーワード「隣人愛」の教えである。神は，善人にも悪人にも等しく太陽の光を与え，正しい人のみならず不正な人にも区別なしに雨の恵みを与える。友人や恋人のような自分が好意を持っている人や，家族のように自分を愛してくれる者だけをえり好みする愛ではだめだ。敵を愛し，自分を迫害する者のために祈ることにこそ，真の愛の姿がある。この自分の生命や生存を脅かす相手への愛と祈りからなる真の愛としての「隣人愛」を理解し，実践すること，これが，完全な者になることである（「マタイによる福音書」：第５章43～48節）。

この「隣人愛」の教えのなかに，教育とは何かという問いについて考えるための手がかりがある。私たち人間の「愛」は二種類に大別される。自分が好きだと思う人や自分を愛してくれる人だけに向けられる愛と，好きどころか自分を殺そうとする敵にさえ向けられる愛である。前者は，愛の対象を区別し，差別する，えこひいきの愛である。これに対して，後者は対象を区別しない，えこひいきなしの愛である。

工藤和男は，この二種類の愛を「大事」と「大切」という言葉で表現する。「大事」は，つねに「小事」との比較のなかで評価され，順位付けられた暫定的な一番のことである。この愛の代表は恋愛であり，感情の愛である。これに対して，「大切」は，比較することとは違った仕方で意識される一番のことである。比較を絶した，比類ない唯一の固有存在への愛である。これは，恋愛のような感情の愛ではなく，意志の愛である。意志の愛とはどういうことか。それは，たとえまったく好きでもない相手であっても，自分にとってどうでもよいような存在であっても，分け隔てなく接しなさい！　という命令の形で意識される愛のことである（工藤，2019：253～259）。

あなたは将来，教師として，多くの子どもたちと接することだろう。その子どもたちのなかには，感情的に，どうしてもあまり好きになれないような子どももきっといるだろう。その時，あなたの意志の愛が問われることになる。

（2）キリスト教主義教育の出発点としてのアウグスティヌス

以上のことをふまえ，中世ヨーロッパのキリスト教主義教育の基礎を築いた**アウグスティヌス**（Aurelius Augustinus，354～430）の思想をみていこう。

アウグスティヌスは，今日，キリスト教教父哲学の頂点に位置付けられる者である。しかし，彼は最初から，熱心なキリスト者であったわけではない。彼の母モニカは，模範的なキリスト者であったにもかかわらず，彼はキリスト教の意義についてほとんど無知であった。むしろ，思想的には，キリスト教に反対する立場であるマニ教から出発した（アウグスティヌス，1976a：26～29）。

カルタゴで自堕落な生活を送っていたアウグスティヌスを哲学的思索に目覚めさせたものは，キケロの対話篇『ホルテンシウス』――残念ながら現存しない――であった。彼は，キケロがその著作のなかで示した知恵の探求をキリスト教の『聖書』に見出そうとした。しかし，彼の期待は裏切られた。彼が探し求めたものは『聖書』のなかにはないと，当時の彼は思い込んだ。そこで，彼はキリスト教ではなく，マニ教に心酔していった。この思い込みとマニ教への心酔という彼が犯した誤謬の原因は，アウグスティヌスの「高慢」さであった。高慢とは何か。それは，この世界の真の姿としての真理は，神への信仰ではなく，人間の知識によって捉えることができるという思い込みである（ジルソン・ベーナー，1981：14～18）。

このアウグスティヌスの合理主義への傾倒という高慢から脱却するためには，何が必要なのか。それは，神への信仰が不合理なものではないということを学ぶことであった（ジルソン・ベーナー，1981：19～21）。しかし，信仰が不合理なものではないということを学ぶとは，いったいどういうことか。それは，人間に与えられた理性を過信して，理性によって真理を捉えようとすることが間違いであることに気付くことである。真理は，人間の理性だけで手に入れられるようなものではない。私たちは，まさに真理そのものである神からの恩恵がなければ，真理に到達することが不可能であることを理解しなければならない（眞壁，2016：41）。それゆえ，神を信仰することは，単独で真理に到達することができない人間の理性に見切りをつけ，理性を放棄するという意味で不合理なものへと転落することではない。それは，人間の理性に限界があることについて，ほかならぬ理性を働かせることによって気付き，その結果として，理性に基づく信仰へと転進することなのである。この転進とともに，そして，この転進によって初めて，真理としての神を愛し求めていくという中世ヨーロッパのユダヤ・キリスト教主義教育も開始される。

では，神を愛し求めるとはどういうことか。それは，神の存在に対する疑惑を捨て，その存在への確信とともに神を愛すること，神が創造した天地の万物を通じて，つねに神が私たちに語り続けていると信念を持って神を愛することである。私たち人間は，このような仕方で神を信仰することによって初めて，幸福に生きることができるのである（アウグスティヌス，1976b：45～47）。

アウグスティヌスは，この神からの万物を通じた，絶えざる語りかけを人間の「学び」と関連付けて論じている。ここにアウグスティヌスの教育思想の独自性がある。私たちは，視覚や聴覚といった感覚を介して，この世界にあるさまざまなものについての知識を獲得すると考えている。しかし，アウグスティヌスは，感覚を介した学びでは説明できないようなことまで，私たちが知っているのではないかと問いかける。

たとえば，目の前にあるこのりんごは赤いという知識。たしかにこの知識は，視覚を使って，「赤さ」とは何かを理解することから獲得することができる。しかし，人間の目の働きとしての視覚が，赤さや黒さといったさまざまな「色」についての知識を正しい仕方で私たちに与える能力である，という知識はいったいどこから得ることができるのだろうか。これもまた，感覚を介して直接獲得できるようなものなのか。

この問いに対するアウグスティヌスの答えは，否である。そのような知識は，感覚ではなく，私たちの「記憶」に由来するものである。しかも，それはただの記憶ではない。いわば，私たち人間の心の「奥深い洞窟にひそみかくれていた」ような記憶である。この比喩によって表される特殊な意味での「記憶」は，実際にりんごを見るという視覚的経験や他人がこのりんごは赤いと発言するのを聞くという聴覚的経験から得られる直接的な知識とは別の，こうした感覚経験がなければ，けっして心の深奥から呼び覚まされることがない潜在的な知識にかかわる能力のことである（アウグスティヌス，1976b：23～24）。

アウグスティヌスは，このような意味での「記憶」を人間の学びの中核に位置付ける。彼にとっての「学び」とは，感覚経験を介して得られる直接的な知識とこの直接的な知識を得るための感覚経験によって呼び覚まされた潜在的な知識を，人間の思考能力によって注意深く整理することにほかならない。彼は，この人間の思考能力を「思惟によってふたたび集める（cogitare）」能力と呼ぶ。この能力は，さまざまな知識を雑多な状態から秩序ある状態へと整理することで実際に，自分の生のなかでいつでも使用できるようにするためにとりまとめる能力のことである（アウグスティヌス，1976b：25）。

ここに，アウグスティヌスの教育思想に基づいて，教育とは何かという問いについて考えるための手がかりがある。私たちの学びにとって「記憶」が果たす役割が重大なものであるのは疑いない。しかし，そもそも「記憶」とは何か。何かを思考するとはどういうことなのか，考えてみてほしい。

（3）修道院学校の誕生

アウグスティヌスによってその方向が示された神への愛という信仰に根ざした幸福を実現するためのキリスト教主義教育は，中世ヨーロッパにおいて，独自の教育システムを構築した。それが修道院学校と大学である。そこでまず，修道院学校についてみてみよう。

修道院の原初形態は，3世紀以降，特定の共同体から離脱し，エジプトやシリアの荒野に隠遁した苦行者たちの生活のなかに見出される。修道院の原型を作った苦行者たちの生活信条は，きわめてシンプルである。それは，「神との出会い」を唯一にして最高に価値のある善いものとし，それ以外のほかのものはすべて捨て去る，というものである。世俗とは隔絶した価値観に基づく隠遁生活，これこそ，中世に生きたキリスト教徒による修道院生活の基本スタイルである。

しかし，その後４世紀はじめ頃に生じたローマ皇帝による迫害から国教化（391年），さらには，異教徒ゲルマン民族の侵入へと至るヨーロッパでのキリスト教の社会的な位置付けの変化が，修道院生活にもう一つの基本スタイルをもたらした。それが，神に近付こうとする「聖化」という最終目標のために少しでも役立ちそうなことは，すべて吸収しようとするスタイルである。これまで，世俗的な価値として切り捨てられていたようなもののなかにも最終目標のために役立つものが必ずある。この確信が，修道院の独自の教育システムを生み出す母体となった（ディンツェルバッハー・ホッグ，2014：14～15）。

では，修道院の独自の教育システムとは何か。現在，確認できるヨーロッパ最古の修道院は，370年に設立されたとされるアクィレイアであるが，ここでは，529年に建設された中世初期を代表するモンテ・カッシノ（モンテ・カシーノ）修道院を手引きにして考えていこう。

モンテ・カッシノは，**ベネディクトゥス**（Benedictus de Nursia，480頃～547）によって建設された修道院である。ここでは，修道士を育てるために，厳しい規律が設けられ，禁欲的な自給自足生活が行われていた。彼が創設した修道院は，当初，年少の子どもたちだけを受け入れていたが，聖職に就きたい者の増加とともに，後に入所者の年齢が引き上げられた。そのため，この修道院内に学校が作られた。この修道院学校での教育は，何よりも聖職者としての教養と主に奉仕するための清き心の育成のためのものであった。ここでの教育理念は，「清貧，貞潔，従順」という「アウグスティヌス戒律」に基づいて定められた「ベネディクトゥス戒律」であった（ディンツェルバッハー・ホッグ，2014：191）。

モンテ・カッシノ修道院において，修道士見習いとして生きていた子どもたちは，当初世俗的な価値を捨て，ひたすら「神との出会い」に向かう生活を行っていた。しかし，581年教皇グレゴリウス１世の命により，世俗的な学問にも取り組むことになった。教皇がこの新たな取り組みを導入したねらいは，異教徒であるゲルマン人をキリスト教へと改宗させるためである。これを受けて，修道士見習いたちは，ラテン語読み書きを徹底的に習うだけでなく，世俗的な学問はもともと『聖書』に起源を持つという理由から，ギリシア哲学，歴史学や医学などさまざまな学問研究にも触れることになった。12世紀，モンテ・カッシノ修道院にあった図書館は，ヨーロッパ最大級のものであったといわれるほど，この世俗的学問への取り組みによる学問研究の成果は大きかった（ディンツェルバッハー・ホッグ，2014：18～19）。

ここに，中世の修道院学校という教育システムに基づいて，教育とは何かという問いについて考えるための手がかりがある。すべての学びを神に近付くことへと収斂させる教育観にはどのような利点があるのだろうか。多様に認められた価値のなかからある特定の一つの価値を大事にする生き方を学ぶ教育と絶対的な唯一の価値しか認めない生き方を学ぶ教育の間には大きな違いがある。

（4）大学の成立とスコラ哲学の台頭——トマス・アクィナスの教育思想

トマス・アクィナス（Thomas Aquinas，1225頃～1274）は，中世を代表する神学者であり哲学者である。彼は，生家の近くにあった，モンテ・カッシノ修道院で幼少期を過ごした。1239年から1244年までナポリ大学でアリストテレスの哲学を学び，1245年からパリ大学で神学研究に着手した（川添，2014：14～15）。トマス・アクィナスは，のちに母校であるパリ大学の教授に就任する。

現代に生きる多くの日本人は，大学に進学することをそれほど特別なことだと思わないだろう。しかし，トマス・アクィナスが哲学を学んだナポリ大学も，神学研究に没頭したパリ大学も当時はまだ，「できたてほやほや」であった。11世紀中頃には成立していたとされるサレルノ医科大学を例外とすれば，今日の高等教育機関としての大学の原型となったイタリアのボローニャ大学は，12世紀半ばの1158年には神聖ローマ皇帝から自治団体として公認されていた——1119年に学都ボローニャという名称が使用されていた記録がある。また，フランスのパリ大学も1231年には教皇によって公認された。「大学（university）」の語源である「ウーニヴェルシタース（universitas）」は，「教師と学生の組合」という意味である（ハスキンズ，2009：25～28，33～35）。

図2-1　トマス・アクィナス

トマス・アクィナスはスコラ哲学の代表者であるといわれるが，それはなぜか。まずは，スコラ哲学とは何かをみていこう。スコラ哲学の「スコラ（schola）」は，「学校（school）」の語源となったものである。この「スコラ」は，「閑暇」を意味するギリシア語「スコレー」に由来する。この「閑暇」は，たんなる余暇や暇な時という意味ではない。大人は仕事で忙しい。他方，子どもは暇だ。だから学校にでも行かせておけ！　というのは，大間違いである。古代ギリシアからローマに至るヘレニズム哲学において，「閑暇」は，私たち人間にとって不可欠の時間とされていた。たとえば，アリストテレスは，『政治学』のなかで，「閑暇」な時を過ごすとは，その者にとって善美のみならず快のうちに生きることであると述べている。アリストテレスは，「閑暇」な時を過ごす一例として，美しい音楽を楽しむことを挙げている。ここから彼は，必須の人間教育としての音楽教育を主張した（アリストテレス，2001：413～429）。また，ローマ時代のストア派を代表する哲学者セネカは，『心の平静について』のなかで，「閑暇」を自分自身と静かに向き合い，自分自身を知るための大事な時間と規定している。

では，「学校」という意味での「スコラ」とは何か。それは，当時の学校で一般的に採用されていた教授法を指す。これは，たとえばアリストテレスのような，定評のある哲学のテキスト「講読」とその講読内容についての「討論」――ある問題について肯定する立場と否定する立場を対立させることにより結論を導き出す「対話的・弁証法的」討論――の二つからなる教授法である。もちろん，スコラの対象は哲学だけではない。法学や神学などさまざまな学問分野に関して，この教授法が用いられた。このような教授法による学びの総称が「スコラ学」である。

トマス・アクィナスは，このテキストの講読と討論という教授法を用いて，アリストテレス哲学とキリスト教神学（カトリック神学）とを批判的に総合する哲学を展開した。この総合の成果が3部からなる大著『神学大全』である。一例を挙げれば，彼は『神学大全』第1巻第6問「神の善性について」の第2項において「神は最高善であるか」という問題を論じている。この「最高善」は，古代ギリシアのプラトンの「善のイデア」に由来する伝統的な哲学的主題の一つであった。

ここに，トマスのスコラ哲学に基づいて，教育とは何かという問いについて考えるための手がかりがある。たとえば，私たちの学びにとって，教科書（テキスト）はどういう役割を果たすものなのか。そして，学びの方法としての討論にはどのようなメリットがあるのか，そうしたことを考えてみてほしい。

2 ルネサンスと宗教改革
——神とともに生きることを問い直す教育

（1）ルネサンス——その人間観と教育思想

前節では，中世ヨーロッパをキリスト教主義教育という視点から検討した。本節では，この視点に関連する二つの重大事である「ルネサンス」と「宗教改革」から，教育について考えるための手がかりを探ってみたい。

「ルネサンス」とは何か。一般的には，13世紀末から15世紀末にかけて主にイタリアで起こった文芸復興運動であるとされる。文学では，『神曲』のダンテ（Dante Alighieri, 1265～1321），**ペトラルカ**（Francesco Petrarca, 1304～1374），芸術では，レオナルド・ダ・ヴィンチ（Leonardo da Vinci, 1452～1519）などがその代表である。彼らはみな，「神との出会い」を唯一絶対の価値とし，「完全な者」になることを目指して，「清貧，貞潔，従順」を規範とする禁欲的な生き方から脱却しようと試みた者であった。彼らは，この脱却の指針を古代ギリシアやローマの古典に求めた。この古典研究にもう一度立ち戻り，そこから新たな人間観を創設しようとする「人文主義」に基づく運動がルネサンスである。

では，人文主義者はどのような人間観と教育思想を打ち出したのか。ここでは，**エラスムス**（Desiderius Erasmus, 1466～1536）と**トマス・モア**（Thomas More, 1478～1535）の二人を取り上げてみたい。

エラスムスの『痴愚神礼賛』（1511）は，ルネサンスを代表する著作である。その内容は，腐敗し，堕落したカトリック体制とその中心である教皇庁への批判であった（沓掛，2014：328）。その批判は痛烈にして痛快である。ぜひ読んでみてほしい。

さて，彼は，この本のなかで，教育についても鋭く批判している。私たちが熱心に学問に打ち込むことは「名誉欲」に起因する愚かな行為である，と。

> さて次には，さまざまな技芸・学芸についてお話しいたしますが，人間たちを駆り立て，卓越したものと思われているもろもろの学芸を創出し，その才知を子孫へと伝えさせるに至ったものが，名誉欲でなくてなんでしょう。（エラスムス，2014：69）

私たちは，教育を受けたいと思っているのだろうか。勉強したいと思っているのだろうか。本当は，「なんの学問も身につけずに，自然の導くままに，本能にまかせて」（エラスムス，2014：84）生きたいのではないか。名誉欲を満たすために学問に打ち込むよりは本能にまかせて生きるほうが幸せではないか。これこそ，エラスムスが私たちに突きつけた問いである。

『痴愚神礼賛』とは別の仕方で，トマス・モアの『ユートピア』（1516）も，私たちが教育について考えるための手がかりを与えてくれる。書名「ユートピア」は，「どこにも存在しない場所」という意味である（彼が，ギリシア語から創り出した新語）。彼は，このどこにも存在しない場所を一つの理想社会（理想郷）として創作することを通じて，新たな教育観を打ち立てようとした。

トマス・モアは，『ユートピア』のなかで，このユートピアで暮らす人々が，学問のおかげで，腐敗した通俗的なキリスト教徒たちより優れていると述べている。ユートピアの住人が優秀な理由は，堕落したキリスト教社会のような「愚風とはおよそ縁の遠い制度をもった社会」で暮らしているからであり，「男も女も一生のあいだ」，「仕事から解放された時間を学問に用いている」おかげであるとする（モア，1993：162）。

トマス・モアは，学問に打ち込む真の意義は，堕落した宗教的教えに毒されることを防ぐことにあると主張し，だからこそ，性別や年齢に関係なく，人間がその生涯のすべての段階で学び続けること（生涯学習）には大きな意義があると指摘する。

（2）宗教改革──ルターの人間観と教育思想

「宗教改革」とは何か。一般的には，14世紀末に端を発し，16世紀のヨーロッパで顕在化したローマ・カトリック教会に対する批判的対決のことである。この改革の先駆者がイングランドのウィクリフ（John Wycliffe, 1320頃～1384）やボヘミアのフス（Jan Hus, 1369頃～1415）であった。そして，改革の代表的旗手が**マルティン・ルター**（Martin Luther, 1483～1546）であった。彼は，1517年，ローマ・カトリック教会による免罪符（「贖宥符」ともいう。現世で犯した人間の罪を許すとされるお札のこと）の乱売に対し，そのあり方を批判する「95箇条の論題」を公表した。ルターは，神からの救いが信者自身による神への帰依のうちにしかないとして，免罪符の存在を否定した。彼は，これにより，ローマ・カトリック教皇から破門された。

先に登場したエラスムスによるローマ・カトリック教会批判のねらいが，より健全な仕方でカトリック教会を再生することにあったのに対し，ルターの批判のねらいは，カトリック教会のあり方そのものを否定し，新たな教派を創設することにあった（金子，1985：35～36）。これが，キリスト教の新たな教派である「プロテスタント」（「人の前で（pro）」「証言する・抗議する（test）」こと）の新設である。これが宗教改革の白眉である。

では，プロテスタントとしてのルターは，どのような教育思想を持っていたのだろうか。彼は，プロテスタンティズムに立脚した教育にかかわる著作をいくつも執筆している。たとえば，『人間の教えを避けねばならないこと，及び人間の教えを擁護するための引用文に対する答え』（1522）では，正しい『聖書』と「福音」理解に基づく教育だけが私たちの良心を解放するものであり，独善的に理解され押し付けられた人間による教えは，良心を束縛すると主張している（ルター，1981：126～127）。また，『ドイツ全市の参事会員にあてて，キリスト教的学校を設立し，維持すべきこと』（1524）では，『聖書』に登場するソドムやゴモラのような社会の腐敗と堕落を防ぐために，少年と少女を正しく教え導くための最上の公教育を担う学校を建てる必要性を訴えている（ルター，

1981：428～429，442～445）。

さらに，1530年に出版された小著『人々は子どもたちを学校へやるべきであるという教説』でも，教育の危機を憂い，学校教育のさらなる改善を主張している。現代の私たちからみれば，明らかに差別的な記述が含まれていることを予め断ったうえで，彼の言葉を引用しよう。

〔悪魔は，〕子どもたちが何も学ばず，何も知らないように準備しているのであって，こうして私たちが死んでしまうと，あとには，悪魔がしたいとおりのことができる。裸の，むき出しの，守るものとてない民族が残ることになるのである。すなわち，聖書と学芸が消えてしまうと，ドイツには，ダッタン人やトルコ人の野蛮で粗野な一団，いや，おそらくはなにかの野獣の豚小屋か一群以外に何が残るというのだろうか。

（ルター，1973：187，〔 〕内筆者による補足）

ルターは，もしドイツ人が聖書も学問も捨ててしまったならば，悪魔の誘惑に対抗する術を失い，腐敗と堕落の淵へと落ちる道しか残されていないという。彼にとっての学校教育は，悪魔の誘惑に抗し，地上の平和を保持する担い手である真の牧師としての説教者を養成するためのものにほかならない。この説教者は，「騒乱を起こす者を妨げ，服従，道徳，規律，名誉を教え，父，母，子，僕の務め」など，現世の「すべての職務と職分」を教授することができる者である（ルター，1973：198）。

ここに，ルターの主張に基づいて，教育とは何かという問いについて考えるための手がかりがある。社会の腐敗と堕落を防ぐという目的に対して，公教育はどのように貢献することができるのか，考えてみてほしい。

学習課題

① 現代の生涯学習のあり方について調べてみよう。

② アウグスティヌスの主張に関して，学びにおける「記憶」の役割について話し合ってみよう。

③ ルターの主張に基づいて，社会の腐敗や堕落を防止することに対して公教育がどのような役割を果たすことができるのか検討してみよう。

引用・参考文献

アウグスティヌス『告白（上)』服部英次郎訳，岩波書店，1976年a。

アウグスティヌス『告白（下)』服部英次郎訳，岩波書店，1976年b。

アリストテレス『政治学　西洋古典叢書』牛田徳子訳，京都大学出版会，2001年。

エラスムス『痴愚神礼賛　ラテン語原典訳』沓掛良彦訳，中央公論新社，2014年。

金子晴勇『ルターとその時代』玉川大学出版会，1985年。

川添信介「『神学大全』　西洋哲学への最良の入門書」トマス・アクィナス『神学大全Ⅰ』山田晶訳，中央公論新社，2014年。

共同聖書実行委員会編『聖書　新共同訳』日本聖書協会，1995年。

沓掛良彦「解説」エラスムス『痴愚神礼賛　ラテン語原典訳』沓掛良彦訳，中央公論新社，2014年。

工藤和男「人を大切にするということ」『良心之全身ニ充満シタル丈夫ノ起リ来ラン事ヲ　Doshisha Spirit Week 講演集2017』同志社大学キリスト教文化センター，2019年。

ジルソン，E.・ベーナー，Ph.『アウグスティヌスとトマス・アクィナス』服部英次郎・藤本雄三訳，みすず書房，1981年。

セネカ，L.A.『心の平静について』大西英文訳，岩波書店，2010年。

ディンツェルバッハー，P.・ホッグ，J.L. 編著『修道院文化史事典　普及版』朝倉文市監訳，八坂書房，2014年。

トマス・アクィナス『神学大全 I』山田晶訳，中央公論新社，2014年。

ハスキンズ，C.H.『大学の起源』青木靖三・三浦常司訳，八坂書房，2009年。

ピコ・デッラ・ミランドラ，G.『人間の尊厳について』大出哲ほか訳，国文社，1985年。

眞壁宏幹編著『西洋教育思想史』慶應義塾大学出版会，2016年。

モア，T.『ユートピア　改版』澤田昭夫訳，中央公論新社，1993年。

ルター，M.『ルター著作集　第一集　第九巻』石居正巳ほか訳，聖文舎，1973年。

ルター，M.『ルター著作集　第一集　第五巻　第二版』石居正巳ほか訳，聖文舎，1981年。

第3章

17世紀の教育思想
——近代教育思想の変遷——

一般に，17世紀のヨーロッパは近代の幕開けの時代であるといわれる。本章では，モンテーニュ，デカルト，パスカル，コメニウス，ロックといった近代の主要な思想家を取り上げる。中世とは異なる世界観とともに成立した，近代科学に代表される合理主義の時代に生み出された人間観から，教育とは何かについて考えてみよう。

1　パスカル
——近代科学とキリスト教神学の間

(1) キリスト教的世界観との緊張関係のなかで幕を開けた近代

キリスト教的世界観を中心に展開した中世ヨーロッパは，古代ギリシアやローマの古典に立ち戻り，そこから新たな人間像を形成しようとする「ルネサンス」と著しい教義の形骸化に対してもう一度，『聖書』に忠実な仕方で立ち戻ろうとする「宗教改革」によって新たな時代へと向かうことになった。さらに，15世紀末から始まった「大航海時代」による「地理上の発見」とともに，ヨーロッパ文化が地球全体へと拡大していくことで，ますます時代は大きく変化していった。この時代の変化とともに，新たな学問も登場する。その一つが，コペルニクスに始まり，ガリレオ，ケプラーを経て，ニュートンにおいて結実する科学（近代科学）である。では，新たな学問が生み出されていく17世紀のヨーロッパにおいて，どのような教育思想が生まれたのであろうか。

17世紀の教育思想に関して，本章で最初に取り上げる人物は，フランスの**パスカル**（Blaise Pascal, 1623～1662）である。彼の研究領域は広く，哲学や神学，さらには，数学や物理といった科学においても，現代に生きる私たちに対して多大な功績を残している。

しかし，なぜパスカルなのか。彼の研究領域に，神学と科学が含まれている点に注目してほしい。17世紀のヨーロッパは，科学の時代と評される。しかし，近代科学は，中世キリスト教的世界観からまったく自由であったわけではない。科学の発展は，つねにキリスト教的世界観との緊張関係のうちでなされたものである。それは，ガリレオが宗教裁判にかけられたという事実からも明らかである。人間の理性（合理性）についての探究も事情は同じである。17世紀の人間観について考える際にも，この点を忘れてはならない。これが哲学者・神学者でもあり，科学者でもあったパスカルを取り上げる理由である。

図3－1　パスカル

現代の私たちにとって，哲学史上，おそらく最も有名なものの一つである「人間は考える葦である」という言葉を語ったのがパスカルであった——もう一つは，デカルトの「我思う，ゆえに我在り」であろう——。しかし，この「人間は考える葦である」というフレーズの意味について考えたことがあるだろうか。そこで，第一に，パスカルの人間観の核心にかかわるこのフレーズが意味するものは何か，第二に，パスカルの人間観は私たちが教育について考える際に，どんな視座を与えてくれるのか，という二つの問いに取り組もう。

（2）パスカルの人間観の核心——「人間は考える葦である」の意味

このフレーズは，パスカルの『パンセ』（1670年公刊，未完。「パンセ」は「思考，随想，瞑想」の意）の一節である。このフレーズを理解するために，パスカルが『パンセ』を何のために書いたのかをみておこう。

『パンセ』執筆の目的は，キリスト教への信仰を捨て，神から離れて自由に生きようとする人間に対して，信仰の正当性を示し，今一度，回心を促すことである。パスカルが近代を代表する知識人であることは間違いない。しかし，彼には，つねに，キリスト教への揺るがぬ信仰心があった。パスカルは，キリスト教を離れて生きることが必ずしも私たちに幸福をもたらさないと確信していた。それはなぜか。その理由は，私たち人間が，自分の力ではけっして解決できない根源的な矛盾を抱えた存在者であるからである。パスカルは，『パンセ』のなかで，この人間存在の根源的な矛盾を繰り返し論じている。『パンセ』は，人間存在が抱える矛盾とその不可解さを探求する書にほかならない。

パスカルは，人間存在が抱える矛盾についてこう述べている。人間は天上に暮らす神や天使に似ていると考える者たちがいる。知恵が私たちを神に等しいものにすると考える者たちがいる。その一方で，人間は地を這う賤しい虫けらや獣にすぎないと考える者たちがいる。人間は神や天使に似ているはずもなく虫けらや獣と同等の存在だと考える者たちがいる。パスカルは問う。神と虫けら，あるいは天使と獣，人間の位置付けに関する天と地ほどの開き。このおそろしい開きと違いについて，いったいどう考えればよいのか，と（パスカル，1973：273）。

パスカルは，人間存在の不可解さについてこう述べている。「人間は，天使でも，獣でもない。そして，不幸なことには，天使のまねをしようとおもうと，獣になってしまう」（パスカル，1973：230）。神は，人間に理性を与えた。しかし，人間の理性の能力は，天使の能力には遠く及ばない。にもかかわらず，時に人間は，このことをすっかり忘れて，他人に対して自分がまるで天使であるかのようにふるまう。しかし，そのようなふるまいがいつもうまくいくとは限らない。たとえば，困っているようにみえる他人に対して善意から親切に接しようとした場合を考えてみよう。その時，親切にしようとした相手からその親切をむげに拒絶されたらどうなるだろう。ちょっとむっとするがその場を立ち去る，ことができればよい。しかし時に，抑えきれないほどの怒りが心を支配し，善意はすっかり消えうせ，まるで獲物に襲い掛かる猛獣のように，相手に対して怒りと敵意を爆発させてしまうことがあるのではないか。

人間存在のこの矛盾と不可解さから，パスカルは人間を次のように規定する。人間は，つねに理性と情念との間の内戦状態に生きる存在である。だから，もし人間が，情念なしで，理性だけであったら。人間が，理性なしで，情念だけであったらという叶わない願いを抱く。しかし，この内戦は終わることがない。

こうして人間は，つねに分裂し，自分自身のうちに対立を抱えているのだ（パスカル，1973：254），と。

私たち人間は，持っているあらゆる能力に関して制限され，両極端の中間にある。これがパスカルの人間観である。まず，感覚は極端なものは認めない。あまりにも大きな音は，聴覚を破壊する。あまりに強い光は，目をくらます。あまり遠くても，あまり近くても，見ることを妨げる（パスカル，1973：47)。

興味深いことに，パスカルは，教育についても感覚と同様だと発言している。「多すぎる教育も，少なすぎる教育もまた同様である。すなわち，極端な事物は，われわれにとっては，あたかもそれが存在していないのと同じ」（パスカル，1973：47〜48）である，と。パスカルは，人間についてのこの自然な状態を受け入れることこそ，私たちが学ぶべき最も大事なことである，と主張する。

では，私たちは，人間のあらゆる能力に関して中間にあることをどうすれば受け入れられるのだろうか。パスカルの言葉を聞いてみよう。

> 人間に対して，彼の偉大さを示さないで，彼がどんなに獣に等しいかをあまり見せるのは危険である。卑しさ抜きに彼の偉大さをあまり見せるのもまた危険である。……だが，彼にどちらをも提示してやるのはきわめて有益である。（パスカル，1973：256〜257）

パスカルは，私たちに人間の偉大さと下劣さの両方を教示することが大事だと述べている。なぜなら，この両方を教えなければ，私たちは，すぐに自分を過大評価したり，過小評価したりするからである。では，人間の偉大さとは何か。それは考えることである。なぜなら，「考え〔＝考えること・知ること〕が人間の偉大さをつくる」（パスカル，1973：225，〔　〕内筆者による補足）からである。ここでようやく「人間は考える葦である」というあのフレーズの出番がやってくる。少し長いが，全文を引用しておこう。

> 人間はひとくきの葦にすぎない。自然のなかで最も弱いものである。だが，それは考える葦である。彼をおしつぶすために，宇宙全体が武装するには

及ばない。蒸気や一滴の水でも彼を殺すのに十分である。だが，たとい宇宙が彼をおしつぶしても，人間は彼を殺すものより尊いだろう。なぜなら，彼は自分が死ぬことと，宇宙の自分に対する優勢とを知っているからである。宇宙は何も知らない。

だから，われわれの尊厳のすべては，考えることのなかにある。われわれはそこから立ち上がらなければならないのであって，われわれが満たすことのできない空間や時間からではない。だから，よく考えることを努めよう。ここに道徳の原理がある。　　　　（パスカル，1973：225）

ここで，人間と自然（宇宙）とが対比されている点に注意しよう。「蒸気」や「一滴の水」という表現は，自然や宇宙からみれば取るに足りないような熱さの蒸気や水の滴であっても，人間にとっては何千人，何万人の死活問題を引き起こす火山活動や台風被害でありうるということを思い浮かべれば理解することができる。当たり前のことだが，物理的な力比べでは，私たち人間は自然や宇宙に勝てるはずがない。

しかし，ある一点において，人間と自然（宇宙）の力関係が逆転するとパスカルはいう。その一点が「考えること」である。なぜか。人間は，自然が簡単に自分たちを殺すことができること，物理的な力比べでは絶対に歯が立たないことを知っている。しかし，自然はこのことを知らない。さらに，人間は，占拠できる時空に関して宇宙に遠く及ばないことを知っている。しかし，宇宙はこのことを知らない。人間と自然・宇宙との関係について考え，知ることができること，これこそ私たち人間の偉大さであり，人間が自然や宇宙よりも優れている唯一の能力である。

（3）パスカルから教育について考えるために

ところで，人間のあらゆる能力は制限されたものであり，中間状態にあるというのがパスカルの主張ではなかったか。考えることは，偉大さという極端しか持たない例外扱いされる能力なのだろうか。

パスカルに抜かりはない。パスカルは問いかける。「人間の尊厳のすべては，考え〔＝考えること・知ること〕のなかにある。だが，この考えとはいったい何だろう」。しかし，少し立ち止まって考えれば，みな気付くだろう。「考えとは，だから，その本性からいえば，すばらしい，比類のないものである。……ところで，それは，それ以上おかしなものはないほどの欠点を持っているのである。考えとは，その本性からいって，なんと偉大で，その欠点からいって，なんと卑しいもの」なのか（パスカル，1973：233，〔 〕内筆者による補足），と。

これは，いったいどういうことだろうか。思考能力としての「考えること」が，その本性として持っている愚かさ，おかしさ，卑しさ，欠点とは何だろうか。私たちは，これまで，「考えること」は大事だと教わり，さまざまな学びのなかで考えを深め，思考能力を高めてきた。パスカルは，私たちの学びそれ自体に疑義を呈しているのではない。そうではなく，あなたは，学びを通じて高めた思考能力をいったい何のために使うのか，と問いかけているのである。自分勝手な欲望を満たすために，人をだまして不当に金銭を得る詐欺のために使うのか，気に食わない他人を攻撃したり，支配したりするための武器を開発することに使うのか。思考能力は，使い方次第で，私たち人間を神や天使どころか虫けらや獣以下の愚かで卑怯，卑劣な存在にするものではないのか，と。彼の「考えること」についての評価も矛盾と不可解さに満ちている。「人間の偉大さは，人間が自分の惨めなことを知っている点」（パスカル，1973：248）にある。

さて，あなたは，「人間は考える葦である」というフレーズについて，「考えること」が持つ偉大さと卑劣さの両義性という観点から，その真意の一端に触れた。ここで私たちは，パスカルを手本にして，「考えること」とはどういうことか，改めて自らに問わねばならない。なぜなら，人間が思考能力を持つ意味を自問することは，教育とは何かについて考えるための確固たる視座になるからである。

2　デカルトとモンテーニュ
――学問への信頼と不信の間

パスカルは，キリスト教的世界観のなかで，独自の人間像を描くことによって，人間が学ぶことの意味と人間の思考能力について，私たちが吟味するための視座を与えてくれた。しかし，なぜ人間の思考能力について改めて吟味しなければならないのか。現に私たちは，思考能力を発揮し，科学をはじめとする多くの学問を発展させているのだから，それでよいではないか，と思うかもしれない。本節では，この人間の思考能力について，中世のキリスト教的世界観との緊張関係とは異なる観点である「理性」と「学問」に着目することから，教育について考えるための手がかりを与えてくれる思想家として，デカルトとモンテーニュを取り上げたい。

（1）デカルトの教育思想

デカルト（René Descartes，1596～1650）は，パスカルより少し早く生まれた，17世紀フランスを代表する哲学者である。晩年の1647年には，実際にパスカルと会っている。「我思う，ゆえに我あり」というフレーズは，『方法序説』(1637）に登場する。では，デカルトは，私たちが教育について考えるためのどんな手がかりを与えてくれるのか。

デカルトは，人間の考えること・知ることにかかわる思考能力と彼が「良識」と表現する理性との関係に注目する。デカルトは，この理性と同義の，事柄の真偽判定や物事の分別にかかわる良識が，人間に生まれつき等しく与えられた能力だと述べている。しかし，真偽判定や分別に関しては，個人差，能力の優劣があるのではないか。この問いに対して，デカルトは，私たちの間に，差や優劣があることを認める。しかし，その原因は，良識の生まれつきの多寡ではなく，その導き方の善し悪しにあると考える。ここから，私たちが生涯をかけて学ばなければならないことは，良識（理性）のうまい導き方以外にはないと結論付ける（デカルト，1967a：163）。『方法序説』は，この理性の導き方についてのデカルト自身の経験録である。

ここで注意しなければいけないことがある。それは，デカルトが，この『方法序説』を，各自の認識能力を最高まで高めるための方法についての教科書ではないと強調していることである。『方法序説』という「企ては，各人がその理性をよく導くためにとるべき方法」を教えようとするものではない。それは，ただどのように彼自身が「自分の理性を導こう」と努力してきたかを示すだけである。だから，この経験録――デカルトは「寓話」と呼んでいる――には，読者にとってまったく役に立たないこと，従わないほうがよいことも載っている，と告白している。デカルトのねらいは，この経験録を手引きにして，私たち一人ひとりが自分なりの仕方で自分の理性を導く方法や，その独自の鍛え方を発見する努力を開始しようという提案にある（デカルト，1967a：165）。

図 3－2　デカルト

この提案のなかに，教育とは何かという問いについて考えるための手がかりがある。私たちが何かを学ぶ時，先人の教えや手本となる知識は不可欠である。しかし，その教えや知識は，いったい何のためにあるのか。ただ鵜呑みにするだけでよいものか，それとも，その教えや知識を吸収したうえで，場合によっては，完全に乗り越え，刷新するためのものなのか。この問いに気付くこと，これが，第一の手がかりである。

では，次の手がかりへと向かおう。私たちが受ける教育の代表は学問である。しかし，そもそも学問とは何か。難問である。ここでは，デカルトに倣って，学問は「真理を探求する」営為であると答えておこう。デカルトは，私たちが真理の探求としての学問を学ぶ際に，気を付けなければならないことがあるという。それは何か。「真理を探求するには，すべてのものについて，一生に一度は，できるかぎり疑うべきである，ということ」（デカルト，1967c：331）である。それはなぜか。私たちには，生まれてから成長していく過程で，多くの先入見を持ってしまい，真理の認識から遠ざかっている可能性があるからだ。しかし，先入見を克服することは容易ではない。そこで，デカルトは，少しでも不確実だと思うことに対して，一生に一度は疑おうと努めるほかないと主張する。しかし，これは使い方や疑いの眼差しを向ける対象を間違うとかなり危険なことであろう。だからデカルトは，疑う対象を学問に限定し，実生活に向けてはいけないという注意喚起を忘れない。

この注意喚起は，一見もっともなことのように聞こえる。だが，根こそぎの疑いを学問だけに限定し，実生活にかかわることには向けないということは，デカルトが考えるほど，うまく実行できるのだろうか。というのも，私たち人間の実生活には，暗に陽に，さまざまな学問的成果が浸透してしまっているからである。たとえば，私たちの社会のなかにある常識的なふるまい方と道徳・倫理学の知見との関係を考えてみれば，すぐにあの実行の難しさが理解されるだろう。

この難しさのなかに，教育とは何かという問いについて考えるための第二の手がかりがある。私たちが真理への到達を目指す際に必要なことは，手当たり次第に疑ってみることではない。学問を通じて多くの事柄を学ぶなかで，何が疑わなければならないことなのかを適切に理解し，正しい仕方で根こそぎ疑うための批判的能力を身に付けるための学びとはどのようなものかを探究することである。学問を通じて適切に疑い，正しい仕方で批判するための能力を身に付けるための学びについて考えること，これが，第二の手がかりである。

（2）モンテーニュの教育思想

私たちは，デカルトから教育とは何かについて考えるための二つの手がかりを得た。とくに，第二の手がかりに関係する批判的能力，学問的に正しく疑う能力の育成は，現代の教育における課題の一つになっている。そこで，実体験に即して学問の意義について考える重要性を説いた，フランスのモラリストである**モンテーニュ**（Michel de Montaigne，1533～1592）を取り上げ，さらに教育とは何かについて考えるための手がかりを探り出したい。

モンテーニュは，大著『エセー』のなかで，人生の重大事である「死」に対して学問がどういう役割を果たすのかを問うている。彼は，親友の死をきっかけに，「死」に関する学問に取り組んだ。「死」は，古来より，私たち人間が，その実相を捉えたいと願ってやまない主題の一つであった。その際，おおいに手引きとしたものが古代哲学（倫理学）であった。具体的にいえば，ソクラテス・プラトンとセネカやキケロを代表者とするストア派の哲学思想である。

モンテーニュは，第一に，自分のなすべきことをなすことが自分自身を知ることであること，第二に，自分のなすべきことをしたいと考える者は，最初に，自分が何者であるかを学ぶ必要があること，この二点をプラトンから学んだと告白している。モンテーニュの言葉を引いておこう。

図3-3　モンテーニュ

> 「自分のなすべきことをして，自分自身を知れ」という偉大な教訓は，プラトンにしばしば引かれている。この教えのふたつの部分には，いずれも，われわれの義務というものがまるごと含まれている。……自分のなすべきことに取りかかろうとする人間は，自分が何者であって，なにが自分本来のものなのかを知ることを，最初に学ぶ必要があるのだ。（モンテーニュ，2005：29）

この引用のなかに，教育とは何かという問いについて考えるための第三の手がかりがある。私たちは何のために学問に打ち込むのか。それは，自分がやるべきことを見極め，それをしっかりと果たすことができるようになるために必要な準備として，自分自身を知るためだ，と。漫然と，与えられた課題をこなすだけの学びは教育ではない。他人事としてではなく，自分事・私事（わたくしごと）として，自分の興味関心からさまざまな学問と向き合う学びが教育である。これが，第三の手がかりである。[(1)]

では，モンテーニュは，古代哲学という学問に取り組むことで，彼の人生の重大事であった「死」についての答えを得られたのか。残念ながら，満足のいく答えは得られなかったようである。彼は，「死」について，まるで取り憑かれたかのように研究したにもかかわらず，その成果と彼の思いは，粉々に打ち砕かれることになった。彼は，落馬事故にあい，瀕死の状態を体験したのである。

(1)　この点に関しては，中学生や高校生の「主体的・対話的で深い学び」を実現するための授業のあり方を考える際の重要な視点になる。というのも，中学生や高校生のための学校教育には，その具体的な学びを通じて，彼／彼女らが人生のキャリア形成を明確にしていくというねらいが含まれているからである（文部科学省，2018：3～4）。

それは，まさに一瞬の出来事で，これまで彼が死について研究してきたことや，死に臨むための準備してきた態度など，まったく思い出せないほど一瞬のうちに彼は意識を喪失したという。この体験は，彼の学問観を大きく転換させた。学問は，たとえば「死」のような，私たちの人生の重大事についてまったく答えることができないのかもしれない，と。

モンテーニュは，はたして学問が，病気や死といった私たちが生きているかぎり，「自然に起こる不具合」に対する防衛手段を私たちに与えてくれるのだろうか，と問う。むしろ，学問が私たちの心に，「その不具合の大きさや重大さばかりを刻みつけたとしたらどうであろうか」，と（モンテーニュ，2016：196）。この問いに対する彼の答えは明快である。彼は，古代ローマの修辞学者であり教育学者であるクインティリアヌスの言葉を引きながらこう述べる，「学識が困難を生む」（『弁論術教程』10の３の16）（モンテーニュ，2016：250）のだ，と。

モンテーニュは，学問がまったく無意味であるということを主張しているのではない。彼は，学問にデメリットがあることを鋭く指摘しているのである。学問は，自分でうまく使えるようにならない限り，私たちの重大事に関して，より善い生き方を選ぶための指針にはならない。このことが理解できなければ，学問は他者に対する見栄えをよくするための虚ろな装飾物であり，未来に対する不安を必要以上に掻き立てるだけの危険な道具にすぎない。彼は，このような学問への誤った取り組み方に陥らないために，「愚鈍学派（école de bêtise）」という興味深いアイデアを提示している。このアイデアは，積極的に学問を選別することで，人生の重大事に対して実際には何の役にも立たないような知識は持たないという意味での愚鈍な状態に自らの身を置くことを推奨するものである（モンテーニュ，2016：219）。

このアイデアのなかに，最後の手がかりがある。私たちの人生にとって，すべての学問が必要不可欠というわけではない。何が必要で何が必要でないかを最終的に判断するのは，自分以外にはありえないということ，これが，第四の手がかりである。

3　コメニウスとロック
——万人に開かれた教育と閉ざされた教育の間

前節では，三人のフランス人思想家を手引きにして，17世紀の神学的，哲学的立場から，広く教育とは何かについて考えるための手がかりをみてきた。そこで本節では，17世紀の教育思想の代表的立場として，チェコスロヴァキアの**コメニウス**（Jan Amos Komenský，1592～1670）とイギリスの**ロック**（John Locke，1632～1704）を取り上げる。

（1）コメニウスの汎知学と『世界図絵』

コメニウスの教育の特徴は，「汎知学（パンソフィア）」に集約されている。この術語は，「普遍」を意味する「パン」と「知恵」を意味する「ソフィア」の二つのギリシア語からなる合成語である。コメニウスは，「普遍的知恵」を原義とする「汎知学」に，「あらゆる人に，あらゆることを，あらゆる側面から」教えるという意味を込めている。これは，知識や教育が一部の人間に独占されることを否定するということである。彼は，あらゆる人に，あらゆることを教授する普遍的な技法を提示するための書である『大教授学』を，1657年に公刊した。

この汎知学というアイデアのなかに，教育とは何かという問いについて考えるための手がかりがある。それは，知識や教育が一部の人間に独占されてはならず，あらゆる人に，あらゆることを，あらゆる側面から教えるという考えは，実現不可能な理想にすぎないのではないか。もしたんなる理想ではないとすれば，どのような仕方でこの教育は実現されるのか，という問いである。

この問いに答えるためのヒントは，コメニウスによってすでに提示されている。それが，世界で初めて出版された子どものための絵入り教科書『世界図絵』（1658）である。彼は，絵という視覚教材を適切に使用することで，より多くの人に，知識を教授する具体的な方法を考案した。今日一般に，「世界図絵」と訳されているこの本の原タイトルは，*Orbis sensualium pictus* であり，以前は「可感界図絵」と訳されていた。ここでの「可感」とは，「ある事柄について文字だけでなく，絵でも視覚的に捉えることができる」という意味である。では，この本の特徴は何か。

相馬伸一によれば，この本は，コメニウスが言語学習をいかに楽しくできるかについて試行錯誤した成果として生み出されたものである。この本では，「世界全体と言語のすべての概要」が150項目に分類され，それぞれの項目に対応した絵が挿入されている。さらに，絵のなかの主要な事物には番号がふられ，その説明が母語と外国語で示されている。この工夫のおかげで，読者は，挿絵と照らし合わせながら母語の説明を理解することができ，この理解に基づいて外国語も類推できるようになっている。また，読者が興味を持った事物の番号へと頁を自由に進めていくことで，自ずと世界全体のつながりを捉えることができるようになっている。相馬は，この工夫を現代のインターネットによる検索機能の原型と評している（相馬，2017：12）。ちなみに，150項目のなかに，「42―人間の魂」という項目がある。人間の魂そのものは視覚で捉えることはできないものである。この魂がどのように絵として描かれているか，ぜひあなた自身の目で確かめてみてほしい。

最後に，『世界図絵』の項目「97―学校」を取り上げたい。

> 学校は若人の心が徳へと形成される仕事場です。そしてクラスに分けられています。教師はいすにこしをかけ，生徒は長いすにすわります。教師は教え，生徒は学ぶのです。ある事柄がチョークで黒板に書いて示されます。二，三の生徒は教卓のそばにすわり，書き方をします。教師はまちがいを正します。またある生徒は起立して，教えられたことを暗唱します。別の生徒はおしゃべりをし，その上ふざけて不真面目です。これらの生徒はむち（棒）や杖で罰せられます。　（コメニウス，1995：220）

この引用の最後の一文のなかに見逃せないことがある。コメニウスは，学校で教師が生徒にむちや杖で罰を与えるような体罰が行われていると説明している。なお，「教」という漢字を構成する「攵（のぶん）」は「むち打つ」という意味である。コメニウスの説明文や「教」という字には，教師が子どもたちにむちや杖を使用することは当然であるかのように受け取れる箇所が含まれている。もちろん，現在の日本の学校教育において，体罰は厳に禁止されていることはいうまでもない。しかし，なぜ現在の日本の学校教育において体罰が禁止されるようになったのだろうか。教職を志す者は，その理由や経緯を知らないでは済まされない。

図 3 - 4　コメニウス

（2）ロックの教育思想と「タブラ・ラサ」

ロックの教育思想には，比較的裕福な階層，とくに「ジェントリー（郷紳）」層をターゲットとした私的な家庭教育としてのジェントルマン教育（1693年の『教育に関する考察』）と，貧困階層に位置する人々をターゲットとした公的な学校教育としての労働学校教育（1697年の「救貧法改革案」）の二つがある。

ジェントルマン教育の目的は，英国の国制の牽引者として，あるいは実業の中心的な担い手として，勤勉で誠実に労働に従事する者を育成することであった。そのため，この教育で重視されたものは，徳，知恵，しつけ，学問の 4 項目であった（詳しくは第 4 章を参照）。

では，労働学校教育の目的は何か。貧困層向けの公的な学校教育と聞いて，貧しさのために教育を受けることができない子どもたちへの慈善的な救済措置と考えたあなた。残念ながら，それは間違いである。ロックの労働学校教育は，苛烈なまでに実利的である。ロックがここで問題にしたのは，貧困のために教育を受けられない者たちの精神的堕落である。精神的に堕落した者は，労働意欲に乏しく，どんな仕事であれ，働き手としては「使い物」にならない。だから，このような者が増えれば増えるほど，国力は減退する。ロックは，英国の国力減退を防ぎ，一人前の働き手を増やすために労働学校の設立を提案したのである。労働学校は，労働意欲に欠ける貧しい子どもたちに厳しい規律を課し，勤勉に働くことを叩き込む場であった。また，宗教心を身に付けさせるために，教会に通うことも子どもたちの義務とされた。それだけではない。労働学校を作ることで，子育てから解放された親を労働力にし，貧しい者への救済費用を減らすというねらいもあった。しかし，この労働学校教育は，あまりに実利的すぎたために実現されなかった。

この労働学校教育のなかに，教育とは何かという問いについて考えるための手がかりがある。それは，教育は，国にとってより役に立つ労働力を育成するための手段なのか。一人前の労働力にするために，子どもに厳しい規律を課し，勉強させるような公教育は正しいのか，という問いである。

ここで，ロックを少し擁護しておきたい。上述の労働学校教育のねらいを聞いて，ロックをひどい人間だと感じたのではないだろうか。たしかに彼には，冷徹な実利家という一面がある。しかしそれだけではない。彼は，幼い子どもたちを強くしかったり，叩いたりするのはダメだと断言している。彼には，子どもを大事にするという一面もある。子どもたちの心が散漫になった時，「ひどくしかったり叩いたりするのは適切ではないと私は確信しています。その理由は，子供たちの頭が，恐怖や不安や混乱から生じるありとあらゆる観念ですぐに一杯になるからです」。そんな時はしかりつけるのではなく，子どもたちが「進むべき道を先に歩いてみせて，さまよう思考をやさしく連れ戻」してあげればよい，と述べている（ロック，2015：125）。

さて，ロックの教育思想に関して，もう一つ見逃せないことがある。それは，私たち人間の心は，生まれた時には真っ白な状態であるとする彼の人間観である。この心の真っ白なことは，「タブラ・ラサ（何も書かれていない石盤）」と表現される。彼は，人間には生まれながらに知っていることなど何もなく――人間に「生得観念」はなく――，白紙の心に，生まれたあと，必要なこと（「観念」）を書き込んでいく学的な経験が教育であると考えている（ロック，1968：81）。このタブラ・ラサという人間観のなかに，教育とは何かという問いについて考えるための手がかりがある。白紙の心に必要なことを書き込んでいくという学的な営みが教育であるならば，子どもは，大人から一方的に必要なことを書き込まれる存在になってしまう可能性がある。しかし，一般的に「注入主義」と呼ばれるこのような教授法は，教育の方法として妥当なのだろうか。子どもたちに積極的に知識を詰め込むこと，自ら知識を得ようとする子どもたちを支援すること。教師の役割が問われている。

学習課題

①　私たちが思考能力を持つ意味について考えてみよう。

②　子どもたちが自分事として学問に取り組むような学びを実現するためには，どのような教育上の工夫が必要になるか，話し合ってみよう。

③　視覚教材を用いる教育方法にはどんなメリットがあり，またデメリットは何かないのか。視覚教育の現状について検討してみよう。

引用・参考文献

コメニウス，J. A.『世界図絵』井ノ口淳三訳，平凡社，1995年。

相馬伸一『ヨハネス・コメニウス――汎知学の光（講談社選書メチエ）』講談社，2017年。

デカルト，R.「方法序説」野田又夫訳，野田又夫責任編集『デカルト　世界の名著22』中央公論社，1967年a。

デカルト，R.「省察」井上庄七ほか訳，野田又夫責任編集『デカルト　世界の名著22』中央公論社，1967年b。

デカルト，R.「哲学の原理」井上庄七ほか訳，野田又夫責任編集『デカルト　世界の名著22』中央公論社，1967年c。

野田又夫『デカルト（岩波新書C22）』岩波書店，1966年。

パスカル，B.『パンセ』前田陽一ほか訳，中央公論新社，1973年。

保苅瑞穂『モンテーニュ――よく生き，よく死ぬために（講談社学術文庫）』講談社，2015年。

モンテーニュ，M.『エセー　1』宮下志朗訳，白水社，2005年。

モンテーニュ，M.『エセー　7』宮下志朗訳，白水社，2016年。

文部科学省『高等学校学習指導要領（平成30年告示）解説　総則編』東洋館出版社，2018年。

ロック，J.「人間知性論」大槻春彦訳，大槻春彦責任編集『ロック　ヒューム　世界の名著27』中央公論社，1968年。

ロック，J.『知性の正しい導き方』下川潔訳，筑摩書房，2015年。

第4章

近代市民社会のなかで
——18世紀の教育——

16世紀以降，市民階級が力をつけ，それと並行してヨーロッパを中心に王権が打倒され絶対王政が終焉を迎える。18世紀は近代市民社会が形作られた時代であり，教育でもまたこうした社会にふさわしい人間像が模索された時代であった。本章で取り上げるロック，ルソー，ペスタロッチはいずれも，市民社会形成期に活躍し，後世の社会観，人間観に強い影響を及ぼした人物である。とくに子どもの捉え方，教育のあり方を考えるうえで，彼らの発信した思想は今日でも示唆に富むものであり続けている。

1　ロックの教育思想

（1）市民革命の時代

イギリスは，エリザベス1世の治世後，スチュアート王朝の時代に入るが，この王朝時代に市民革命が起こる。革命は，王侯の失政だけでなく，この時代に産業資本家を中心に市民階級が成長してきたことによる。クロムウェル率いる市民階級の革新勢力は，1646年に革命を起こし，1649年には王制を廃し，共和制を樹立した。その後，革新勢力の内部分裂とクロムウェルの死で1660年に王政復古になる。チャールズ2世（Charles II，1630～1685）が長い亡命生活からイギリスに帰ると，王政保守派はこの機に旧体制復活を目論むが，1688年には，再び国王を追放し，メアリ2世とウィリアム3世が即位する無血革命によって，今日にまで続く立憲君主制の基礎が形作られる。いわゆる名誉革命である。王制は廃止ではなく緩和，議会はトーリー党とホィッグ党との妥協という形でイギリスの市民革命は完成した。

ロックは，しばしば名誉革命の思想家と呼ばれる。そのゆえんになったのが，『寛容についての書簡』『市民政府二論』『人間知性論』に通底する寛容の思想である。この三部作は，それぞれ宗教的寛容，政治的寛容，知的寛容について書かれた書である。

図4－1　ロック

（2）ロックの生涯

ロック（John Locke, 1632～1704）は，サマセット州リントンに暮らすピューリタン家庭に生まれた。父は弁護士であり治安判事書記官も務めていた。ロックはオックスフォード大学で神学，哲学，自然科学，医学を学び，オックスフォード大学講師となる。1667年にはシャフツベリ伯の主治医兼私設秘書官となるが，シャフツベリ伯の政治的失脚に伴い，ロックはオランダに亡命する。この亡命生活の間に，彼は思想家としての自己研鑽に努めた。

ロックの功績の一つとして，認識論の領域においてイギリス経験論に確固たる基礎を築いた『人間知性論』（1690）がある。彼はこのなかで生得観念を否定し，人間の観念がすべて経験に由来することを説いた。ここから派生して，経験が，子どもの成長発達に決定的な役割を果たすという経験主義教育論が成立した。

（3）『教育に関する考察』

ロックの教育論は，**『教育に関する考察』**（1693）によく示されている。この書は，彼が1683年から1685年までの2年間のオランダ滞在中に友人エドワード・クラークに彼の息子の教育のための助言を請われて書き送った書簡が基になっている。こうした理由から，この書では，家庭において子どもを教育する際に留意すべき事柄が中心に取り上げられ，衣食から礼儀作法に至るまで詳細に論じられている。

この書は，当時のイギリスの紳士教育の伝統を受け継いでいる。したがって，彼の教育論は，一般大衆のための教育論ではなく，イギリスの上層階級の子弟を対象とした紳士教育論であった。

構成は，書簡を基にしているということもあり，章節の区切りもなく書き流された形になっている。内容は，身体教育論と精神教育論の大きく二つに分かれており，精神教育論では，徳（virtue）の教育，知恵（wisdom）の教育，しつけ（breeding），学問（learning）の教育について論じられている。まずはじめに身体教育論から書き始めているのは，シャフツベリ伯の主治医であったことからもうかがえるように，ロックが医者としての顔も持っていたことに関係しているかもしれない。それでは以下に，ロックの教育論を三つの観点でみていこう。

①　体育論

まず身体教育論でロックは，第一に健全なる身体の教育を重視する。

> 健全な精神が宿れかし健康な身体に，よは短いことばながら，この世に生きる人間の幸福な状態をあますところなく言い表しています。健全な精神と健康な身体のふたつをもっている人は，それ以上望むものはほとんどないでしょう。また，このふたつのうちのどちらかを欠いている人は，他にどれほど多くのものをもっていてもそれを埋め合わせることはできないでしょう。人間の幸不幸の大部分は，その人自身がつくりだしたものです。精神が思慮深くすすむべき方向を示してくれていない人は，正しい道を歩むことはできないし，その身体がおかしくなって弱っている人は，すすむべき道を歩むことはできません。（ロック，1967：14）

健全な精神は健全なる身体に宿るという彼の言葉はあまりにも有名である。ところで，紳士教育の内容として体育を重んじる傾向はヨーロッパのヒューマニズムの典型であり，古くは古代ギリシアまで辿りつく。古代ギリシアの教育理念は，近世ルネサンスを経て，近代のヨーロッパ教育思想の正統的な位置付けを得ていた。

ロックは次のように述べる。「すべては，次の短い法則，すなわち，紳士はその子どもたちをまじめな農夫や実直な自営農民が彼らの息子たちを取り扱っているように取り扱うべきだ」（ロック，1967：16）と。この発言は，子どもの身体は幼いうちから訓練する必要があり，過度に甘やかすとその体質が損なわれるとの彼の考えによる。この考えからロックは，子どもに厚着をさせることを戒め，冷水浴をさせたり，泳がせたりすることをすすめ，日々の生活においても，早寝早起きを基本として，簡素な食事に慣れさせ，寝る時にも固いベッドに寝かせる必要性を説いていた。

ロックの体育論は全体として，ブルジョア的な贅沢さに浸ることを戒め，素朴で清貧な生活を旨とすることを説いている。一言でいうとロックの体育論は鍛錬主義であった。

17世紀の書物ではあるが，今日のわれわれに対しても，そのまま教育論としての意義を保っているかもしれない。今日は，しばしば子どもの生活習慣の乱れが指摘され，食事睡眠に関しても安楽さ，快適さだけが求められる時代である。付随して，子どもの体力低下も問題になっている。

②　徳育論

つづく徳育論でも，体育論と同じく鍛錬主義を基本としている。「身体の強健さは，主として困難に耐えることができることにあるが，心の強健さもまた同じである。一切の徳の根本原理は，人間は，彼の欲望の向かうところに抗して，自ら己の欲するところを否定し抑制して，理性が最善なものとして命ずるところに従うことにある」（ロック，1967：46～47）。

ロックの時代，伝統的な紳士教育において，幼児期には過度な愛情から子どもを甘やかし，わがままにしておいて，彼が成長して大人たちの手に負えなくなると今度は体罰のような暴力的な手段で抑えようとするという矛盾をはらんでいた。ロックはこの状況を反省し，子どもの欲するものを欲するままに与えるのではなく，彼らにとって本当に必要なものだけを与えることで，幼少期において自分の欲求を抑える習慣を子どもにつけさせることを推奨した。ロックは次のように述べている。

> 自然の要求というものに対しては，それがどのようなものであれ，従わなくてはならないでしょうが，子どもの気まぐれな要求に対しては，決してそれを満たしてやったり，そのような欲求を口にさせてはなりません。そんなことをちょっとでも口に出せば，余計にそれを与えないようにすべきです。衣服は，もし子どもが着たいと言えば着せてやらねばなりません。しかし，この生地がいいとか，あの色がいいなどと言い出したら，断じてそのとおりにすべきではありません。わたしは，ささいなことであっても，子どもの願いを故意に否定すべきだなどと言っているのではありません。それどころか，子どもの態度が，それを受け止めてやるだけの価値があり，彼らの精神を堕落させたり，柔弱にしたり，つまらない物事を好きにさせたりしないことが確かなら，子どもがそれを実行する楽しみと喜びが得られるように，満足のいくまで，可能なかぎり工夫してやるべきだと思っています。
> （ロック，1967：156）

③　知育論

『教育に関する考察』のなかでロックは，知育については，体育，徳育ほどには重要視していなかった。知育論の冒頭において彼は次のように書き始めている。

> 学習という問題をわたしが最後に置き，とりわけわたしがこの問題をもっともささいなことであると考えていると申し上げれば，おそらく読者の皆さんは，不思議に思われるでしょう。しかも，これが学問好きな人間が口にする言葉だとしたら，奇異に思われるかもしれません。確かに学習という問題は，子どもについて騒ぎたてる唯一のものではないにしても，通例は重要なものだと考えられていますし，人々が教育について語るときは，ほとんど学習のことしか念頭に置いておりませんから，わたしがこのように申し上げることは，なおさら矛盾していることになります。ラテン語やギリシア語をほんの少しばかりかじるためにどれほど骨を折ることか，そのためにどれほどの歳月が費やされることか，また，どれほどむだな騒ぎ

と苦労が無為になされることか，といったことをすべて思いあわせてみると，子どもたちの両親が，今なお教師の鞭を恐れて暮らし，あたかも一つか二つの語学の学習が教育のすべてであるかのように考えているため，その鞭を唯一の手段だと思いこんでしまっていると思わないわけにはいきません。そうでなければ，次のことがどうして可能なのでしょうか。つまり，本来はもっと安上がりの苦労と時間で得られ，ほとんど遊びながらでも習得できるはずの一つか二つの語学のために，子どもがその人生の最良の時期に，七年，八年あるいは十年ものあいだ，苦役を強いられるということがありうるのかということです。　(ロック，1967：236)

ロックはもちろん，知育そのものを否定しているわけではない。彼の批判の矛先は，上の彼の言葉に示されているように，当時の古典語学習のような無味乾燥な暗記中心の学習に向けられていたといえる。

2　ルソーの教育思想

(1) 啓蒙主義の時代

ルソーが生きた18世紀後半のフランスは，いわゆる啓蒙主義の時代であった。それまで絶対的な権力を誇った王侯，貴族，僧侶たちの威信が揺らぎ始め，それらの身分に対抗して平民が力をつけてきた時代である。ルソーの時代は，まさに革命前夜であった。

アンシャンレジーム (Ancien régime) と呼ばれる旧体制下で支配階層の弱体化に寄与したのが，モンテスキュー (Charles-Louis de Montesquieu, 1689～1755) やヴォルテール (Voltaire, 1694～1778) といった啓蒙主義の思想であった。そのなかにはディドロ (Denis Diderot, 1713～1784) やダランベール (Jean Le Rond d'Alembert, 1717～1783) といった百科全書派と呼ばれる人たちも含まれていた。ルソーも彼らとの親交を通して自らの社会思想を形成していった。

図４-２　ルソー

（２）ルソーの生涯

ルソー（Jean-Jacques Rousseau, 1712～1778）は，スイスのジュネーブで生まれた。彼の父は，市民階級の時計職人であった。生まれはスイスであるが，主に活躍したのはフランスであり，彼はフランス革命に多く影響した思想家である。ルソー自身は自らをジュネーブ市民と思っていたようであるが，後世においてはフランスの思想家の代表的人物として扱われている。実際に，彼の遺骨はパリのパンテオンに納められている。

ルソーの幼少期については，あまり幸福なイメージとして伝えられていない。ルソーが生まれた直後に母が亡くなり，７歳まで父と暮らすが，その父も郷里を追われて，兄もいたが，その兄も家出をしてしまい，10歳頃には彼は親戚や聖職者に預けられて育った。そして徒弟奉公をしながら少年期を過ごすが，日常的に虐待を受けていたともいわれ，やがて今日でいうところの「非行少年」となる。

ルソー自身が「どんなふうにして読み方を習ったのかも知らない」と回想しているように，彼にはまとまった学校教育を受けた経験がない。ほとんどすべてが彼自身による独学であった。

16歳頃にルソーは，故郷を出て放浪するが，ヴァラン夫人のもとで保護されて，1741年まで夫人のもとにとどまり，彼女の家の蔵書から，科学と哲学に関する書物を読み漁った。

1742年には，音楽家になることを志し，芸術の都パリに出た。ルソーが30歳の時であった。パリでは，ディドロらと親しくなり，この縁でルソーは『百科全書』の音楽の項目を執筆したりもしている。余談になるが，ルソーは音楽家としてもある程度の成功をおさめている。彼の「村の占師」はモーツァルトに影響を与えたとされるし，私たちが今日よく知っている「むすんでひらいて」という楽曲は，彼による作曲である。

1749年に転機が訪れる。友人ディドロが投獄された時である。ディドロは，科学的な批判精神を用いて，当時の宗教や国家体制を厳しく批判した。その結果として官憲の反感を買い投獄されてしまった。ルソーは投獄されている彼を見舞いに行くのであるが，途中でディジョン・アカデミーの懸賞論文の題目が彼の目に留まった。それは「学問と芸術の進歩は風俗を頽廃させたか純化させたか」というものであった。この懸賞論文にルソーは応募するのであるが，その時の論文は後に『学問芸術論』（1750）として出版されている。この論文の発表によって，ルソーはフランス思想界のホープと目されるようになる。これにつづき彼は，『人間不平等起源論』（1755）を著し，1762年には『社会契約論』を世に出す。

（3）『エミール』に描かれた教育思想

ルソーの『エミール』は，1762年に出版された。執筆動機については後年の『告白』に語られているが，それによると，ルソーの後援者シュノンソー夫人から，自分の息子の教育についての助言を求められたことによる。知人から子弟の教育に関する助言を求められたことが執筆動機である点では，ロックの『教育に関する考察』と事情が似ている。ただし，ルソーの場合，教育論の表現は小説の形をとった。

『エミール』は，架空の少年エミールを主人公に，彼の成長の時期に応じて次のように5編に分かれている。

第1編	教育の本質的条件について。誕生期。乳幼児の健康その他の配慮について。
第2編	人生の第二期。話し，食べ，歩くことができるようになって以後，12，3歳くらいまで。感覚を働かせる時期。快・不快の感覚の原理。消極教育の時期。
第3編	子ども時代の第三期。子どもに好奇心が出てきて学習を始める時期。12，3歳から15歳くらいまで。勉強が何のために必要か，有用性を学ぶ時期。
第4編	15歳からの青年期。理性の時期。道徳教育，市民としての教育。幸福，完全性といった抽象的観念を獲得する時期。
第5編	結婚の相手を選ぶ時期。社会的政治的教養を高める時期。

①　自然の教育

ルソーは，『エミール』第1編で教育を三つに分類する。すなわち自然の教育，人間の教育，事物の教育である。これら三つの教育が，矛盾なく調和のとれた状態が理想の教育であるとルソーは考えていた。

> この教育は，自然か人間か事物によってあたえられる。わたしたちの能力と器官の内部的発展は自然の教育である。この発展をいかに利用すべきかを教えるのは人間の教育である。わたしたちを刺激する事物についてわたしたち自身の経験が獲得するのは事物の教育である。……ところでこの三とおりの教育のなかで，自然の教育はわたしたちの力ではどうすることもできない。事物の教育はある点においてだけわたしたちの自由になる。人間の教育だけがほんとうにわたしたちの手ににぎられているのだが，それも，ある仮定のうえに立ってのことだ。（ルソー，1962a：24）

② 消極教育

子どもの自然を重要視する教育観は，方法論としては「消極教育」として表れている。ルソーは「最初の教育はまったく消極的でなければならない。それは道徳や真理の原理を教えることにあるのではなくて，情が悪徳に，精神が過誤に陥らないように保護することにある」という。彼にとって「消極教育」とは，子どもが，自らの本性と諸能力の自然的傾向を自由に発展させることであり，ルソーは，子どもの持つ自然性を考慮することなく，大人が無思慮に介入することを戒めたのである。

もちろん，彼のいう「消極教育」は，一切の意図的な教育を否定し，大人が何もしないで子どもを放置しておくということではない。子どもを身体的感覚的存在とみなす幼少期には，大人は言葉による説教ではなく，子どもの感覚に対し事物を提示し，さまざまな経験をさせることが重要であると彼は説いている。ルソーはいう。「まずはわんぱく小僧を育てあげなければ，かしこい人間を育て上げることは成功しない」と（ルソー，1962a：190）。

③ 子どもの発見

ところで，これまでみてきたようなルソーの教育観は，当時のヨーロッパ社会で一般的に持たれていた子ども観からは出てこない発想であった。ルソー以前の子ども観では，子どもは「小さな大人」とみなされていた。「小さい」という大きさ（量）の違いに還元される以外に大人と子どもとの違いは認められていなかった。これに対しルソーは，大人と子どもとの間の質的な違いを初めて公の場で指摘した人物として知られる。彼は大人とは違った子ども独自の見方，考え方があることを認め，そうした子ども独自の世界の尊重を教育に求めたのである。

> 人は子どもというものを知らない。子どもについてまちがった観念をもっているので，議論を進めれば進めるほど迷路にはいりこむ。このうえなく賢明な人々でさえ，大人が知らなければならないことに熱中して，子どもには何が学べるかを考えない。かれらは子どものうちに大人を求め，大人になるまえに子どもがどういうものであるかを考えない。……とにかく，まずなによりもあなたがたの生徒をもっとよく研究することだ。あなたがたが生徒を知らないということは，まったく確実なのだから。
>
> （ルソー，1962a：18）

『エミール』のなかのこの一節でもって，ルソーは教育史上「子どもの発見」者として位置付けられている。

3　ペスタロッチの教育思想

（1）ペスタロッチの生涯と実践

この章で最後に取り上げる**ペスタロッチ**（Johann Heinrich Pestalozzi, 1746～1827）の名前は，世界の教育界で知らない人はいないほど有名である。日本の教育界においても彼は「教聖」と呼ばれ，彼の名前を冠した教育にかかわる賞も存在している。存命中にも，彼の教育実践は好評を博し，彼の学校を訪れる教育者が後を絶たなかったと伝えられている。そのなかには，幼稚園の創始者フレーベルや「科学的教育学の父」と呼ばれることになるヘルバルトもいた。

教師の代名詞として後世に語り継がれたペスタロッチであったが，彼の人生自体は成功物語とは程遠いものであった。ペスタロッチは1746年，スイスのチューリッヒに生まれた。6歳の時に父親を失うも，母と忠実な女中の手によって貧しいながらも愛情深く育てられたと伝えられている。1751年には母国語学校（初等教育）に入学し，ラテン語学校（中等教育）に進学，その後さらに大学へも進んでいることから，当時の同年齢の人間と比較して教育環境には恵まれていたといえる。

① ノイホーフでの実践

大学では学生運動に身を投じ，熱心に政治活動をしていたペスタロッチであったが，卒業後は農場経営を行っている。彼は1771年にレッテンに100アールの土地を購入し，その土地に「ノイホーフ」と名付け，農業改良に着手している。この事業は，彼の幼少期の経験との関連が指摘される。初等教育を受けていた頃，ペスタロッチは夏休みを寒村ヘンクの教会牧師であった祖父アンドレアスのもとで過ごしていた。祖父の教区には貧農が多く，彼らの生活実態を目にしたペスタロッチ少年はショックを受けたという。そのショックが直接の動機になっているかどうかは不明であるが，少なくともペスタロッチの農業改良事業には，農民たちの暮らし向きを豊かにするという目的があったことは確かである。

ただし，この農場経営は凶作のため結果的に失敗する。この事業の失敗で，社会的信用は失ったものの，彼には家と土地は残された。その後しばらく，彼は何をするでもなくこの土地で無為に過ごす。変化のない日々で，あることに気付く。荒れ果てた自分の土地に侵入し，生活の場としている子どもたちの存在であった。彼らは貧児や孤児，今でいうネグレクト状態の子どもたちであった。彼らは，かつて貧農を救おうと農業改良に着手した時のペスタロッチの博愛精神に再び火をつけた。ペスタロッチはその子どもたちを集めて貧民学校を開いた。彼がここで目的に掲げたのは，とにもかくにも子どもたちに将来の経済的自立の術を与えることであった。そのために職業的技能と知識を授けると同時に，その知識と技能を実際に用いて生産活動にも従事させた。といっても，事業に失敗していた彼にお金もなく，6年余り自転車操業を続けた後に閉鎖することになる。

② 『隠者の夕暮』執筆とその後の著作

この時のペスタロッチの経験が彼の教師としての出発点となったのは確かである。この事業も，一見すると失敗ではあったが，その後ペスタロッチは精力的に文筆活動を行う。その間に著されたもののなかには，教育学の名著として知られる1780年の『**隠者の夕暮**』がある。

翌年から彼は貧しい石屋リーンハルトと妻ゲルトルートの家庭教育，学校教育論を小説の形で綴った『リーンハルトとゲルトルート』の執筆に取り組んだ。このなかでは生活に即して生きた言葉を教えることの重要性がゲルトルートによって説かれていたり，後のペスタロッチ直観教授のエッセンスも見て取れる。

ペスタロッチの著作のなかで彼の教育実践理論が鮮明になっているのが，『**メトーデ**』（1800），『**ゲルトルートは如何にしてその子等を教うるか**』（1801），『直観の ABC』（1803）の三作品である。

③ シュタンツ孤児院開設とその後の実践

1798年には，ナポレオン戦争の余波で生じた50人の孤児を伴ってシュタンツに孤児院を開設している。スイスへのナポレオンの進軍により町が焼き討ちされることで多くの孤児が発生したことにペスタロッチは心を痛め，スイス政府に彼らの教育支援を要請した。この要請が聞き入れられる形でこの孤児院が開設されたのであるが，ここでの彼の教育活動も，彼の社会改革思想に対し無理解な者に足を引っ張られる形で短期間に終わる。翌1800年にブルクドルフで学校を開き，1804年にミュンヘンブーフゼー，1818年にはイヴェルドンに拠点を移して，子どもたちに対する教育活動に従事した。これらの学校も経営不振やスタッフの不仲によって閉鎖を余儀なくされた。しかしながら，この時期までには，彼の教育家としての名声はヨーロッパ全土に伝わり，さらに1820年代には海を越えてイギリスやアメリカにまで届いていた。

学校閉鎖後，1825年にペスタロッチは最後の著作『白鳥の歌』を執筆，発表している。この著作は彼の自伝的教育論とも呼ぶべきもので，『隠者の夕暮』と並び，教育学の名著となっている。その2年後の1827年にペスタロッチは82歳の人生に幕を下ろしているが，彼の墓碑には次のように彼の功績をたたえる文章が書かれてある。

ノイホーフにおいては貧しき者の救済者，リーンハルトとゲルトルートのなかでは人民に説き教えし人。シュタンツにおいては孤児の父。ブルクドルフとミュンヘンブーフゼーにおいては国民学校の創設者。イヴェルドンにおいては人類の教育者。人間！　キリスト者！　市民！　すべてを他人のためにし，おのれにはなにものも求めず。恵あれ彼が名に

（2）思想的基盤としてのヒューマニズム

ペスタロッチの生涯や著作に表れているように，彼の教育思想の基盤となっているのは彼のヒューマニズムである。彼は貧富の区別なく，すべての子どもに教育を受ける必要性を認め，そしてすべての子どもが同じ素質を有するとみなしていた。ペスタロッチのヒューマニズムが最もよく表れているのが『隠者の夕暮』の「玉座の上にあっても木の葉の屋根の蔭に住まっても同じ人間，その本質からみた人間，そも彼は何であるのか」という冒頭の一節である（ペスタロッチー，1982：5)。そして彼のヒューマニズムの精神は，とりわけ子どもを含めた社会的弱者の救済に向けられた。彼の教育理論と実践は一面において貧民救済の手段として考案されていた。次の行がそのことを物語っている。

わたしはあらゆる努力をし，その結果このようにいうのだが――もっぱら最下層の民衆を教育する手段を，単純にし，容易にすることを探求した。その人たちが，わたしのまわりのこの点の軽視によって，各方面での不幸，不満，危険に陥るのを，わたしはみた。わたしの心は，若い時からこの目標への努力に向かわずにはおれなかった。わたしは民衆の道徳的，精神的，家庭的堕落の原因とそれに固く結びついた苦しみ，しかも不当な苦しみを，若い時からその真実の姿において知るという，たぐいまれなる機会を得てきた。わたしが民衆の苦しみや不当な苦しみのいくらかを，民衆とともに背負ってきたということを信じてもらえるであろう。

（ペスタロッチ，1952）

「人間」という上位概念でくくられる時に，子どもはどの子も存在において

平等であり，この考えからどの子にも同じ扱いをペスタロッチは求めたのである。彼が「国民教育の創始者」と目される理由もこの考えによる。

（3）「生活が陶冶する」

さて，それでは，ペスタロッチのいう社会的属性にかかわらずどの子も有している同じ要素とは何であったか。この素質とは人間性の別名である。ペスタロッチによると，人間性とは，知的能力，身体的技術，道徳的宗教的心情（ペスタロッチの表現では「頭（Kopf）」「手（Hand）」「心（Herz）」）によってなると説明されている（英語の Head, Hand, Heart の頭文字をとって「3Hの教育」といわれる）。今日の学校教育においても，しばしば教育目標が知・徳・体の観点から説明されるが，ペスタロッチはこうした教育目標の語り方の先駆者であったといえる。今日，知育，徳育，体育のバランスのよい教育が理想とされるように，ペスタロッチによっても，子どもの人間性を知的，道徳的，身体的観点から，調和的に発達させることが説かれた。そしてこの理想は，彼の「**生活が陶冶する**（Das Leben bildet）」という言葉に表されているように，子どもの生活環境から離れて教え込まれるものではなく，生活環境のなかでの活動を通して合自然的に達成されることが求められていた。

（4）教育方法としての直観教授

人間性の三要素のうち知性については直観教授（Anschauung-Unterricht）という方法論としてペスタロッチによって念入りに論じられている。あらゆる教授を直観に基づいて展開させることに彼の関心は向けられた。直観教授は，学習者である子どもの認識能力に対応して，身近な生活圏にある単純で簡単な事物についての感覚から，より複雑で難解な概念へと至る教授理論として提唱された。この教授理論の特徴は，あらゆる認識の基本を数，形，語という直観の三要素に置き，これら三要素に基づく認識能力の開発を教授の目的とした点である。ペスタロッチにとって，対象を言葉によって明瞭にする能力，形の違いに応じて識別する能力，数量の概念によって区別する能力を子どものなかで開花させ発達させることが教師の役割であった。

学習課題

① ロックの教育論は，当時のイギリスの伝統的教育とどこが異なっていたのか考えてみよう。

② ルソーによる「子どもの発見」が，近代以降の教育にどう影響したか考えてみよう。

③ ペスタロッチを含む直観（感覚）教育の系譜について調べてみよう。

引用・参考文献

石村華代・軽部勝一郎編著『教育の歴史と思想』ミネルヴァ書房，2013年。

江藤恭二・木下法也・渡部晶編著『西洋近代教育史』学文社，1979年。

ペスタロッチ，J. H.『ペスタロッチ全集〈第3巻〉ゲルトルートは如何にしてその子等を教うるか』小原国芳訳，玉川大学出版部，1952年。

ペスタロッチー，J. H.『隠者の夕暮・シュタンツだより』長田新訳，岩波書店，1982年。

山崎英則・徳本達夫編著『西洋教育史』ミネルヴァ書房，1994年。

ルソー，J. J.『エミール　上』今野一雄訳，岩波書店，1962年a。

ルソー，J. J.『エミール　中』今野一雄訳，岩波書店，1962年b。

ルソー，J. J.『エミール　下』今野一雄訳，岩波書店，1962年c。

ロック，J.『教育に関する考察』服部知文訳，岩波書店，1967年。

第5章

フレーベルとヘルバルト
——19世紀の教育——

本章で取り上げるフレーベルとヘルバルトは，前章でみたペスタロッチの教育思想から強い影響を受けている。フレーベルはペスタロッチの考えを幼児教育で展開し，ヘルバルトはペスタロッチ教育実践の理論化を試みた。彼らが活躍した時代のドイツは，思想史的にみるとドイツ観念論哲学が隆盛を極めた時期であり，大学においてこの哲学が講じられていた。両者ともにその学徒として青年期にドイツ観念論哲学から強く影響されている。哲学においてドイツ観念論が，アメリカのプラグマティズムの哲学者に影響を与え，発展的批判的に継承されたように，そのプラグマティズムを背景にデューイが牽引した進歩主義教育において，フレーベル，ヘルバルトの教育思想は発展的批判的に継承されている。また両者の影響は，近代日本の幼児教育，学校教育にも及んでいる。本章では両者の教育思想の特質と後世への彼らの影響についてみていこう。

1　フレーベルの教育思想

（1）19世紀のドイツにて

フレーベルの活動の時代は，プロイセン王ヴィルヘルム1世（Wilhelm I, 1797～1888）がドイツを統一する時代であり，哲学ではフィヒテ（Johann Gottlieb Fichte, 1762～1814）やヘーゲル（Georg Wilhelm Friedrich Hegel, 1770～1831）が活躍した時期，文学ではゲーテ（Johann Wolfgang von Goethe, 1749～1832）やノヴァーリス（Novalis, 1772～1801）の活躍した時期に相当し，彼の教育思想形成には，こうした19世紀ドイツにおける輝かしい精神生活からの影響があった。概してこうした人々の思想では，人間の本性と価値が高く評価され，フレーベルの思想もその例外ではなかった。フレーベルの子ども観にも当時のドイツに浸透していた人間中心主義が見出せる。

図5-1　フレーベル

（2）フレーベルの生涯

フレーベル（Friedrich Wilhelm August Fröbel, 1782～1852）は，1782年にドイツ中部にある森林地帯チューリンゲンの小さな村で6人兄弟の末子として生まれた。父は厳格な牧師であった。

当時のドイツは，フリードリヒ大王によって統一された時代であり，フレーベルが生まれた時分には自由な文化的宗教的な雰囲気があった。

彼は生後9か月で母と死別し，不幸な幼児期を送ったと伝えられている。彼が4歳の時に継母がやってきて父と彼女との間に子どもが生まれると，フレーベルは牧師であった伯父ホフマンに引き取られている。

1799年には，父の許しを得て，亡き母のわずかばかりの遺産を学資として，イエナ大学哲学科に入学した。当時イエナ大学では，カール・アウグストが総長を務め，フリードリヒ・シラーが歴史学教授，またシェリングが哲学教授を務めていた。これらの面々からもわかるように，当時のイエナ大学は，ドイツ・ロマン主義の中心であった。フレーベルも大学時代にロマン主義の影響を強く受けた。

大学に入ったフレーベルであったが，学費に充てるお金を兄に貸したものの，返金してもらうことができずに，大学食堂代金の不払いの罪状により，9か月間学生牢に拘留された末に退学することになる（拘留中には，ラテン語を学んだり，ヴィンケルマンの芸術にも触れる機会を持っている）。

退学後19歳で帰郷したが，20歳の時に父を亡くし，それを機に将来の人生設計について真剣に考え始める。そして1805年には建築家を志しフランクフルトへ出ている。この時代に，フレーベルは家庭教師をしていたが，家庭教師先の夫人カロリーヌとペスタロッチ主義の学校長グルーナーとの出会いにより，彼は教育に関心を持つようになる。とくにグルーナーからの感化により，ペスタロッチ主義の教育に強く惹きつけられる。前章で述べたように，19世紀はじめにはペスタロッチの名声はヨーロッパ全土に波及していた。そして1808年にフレーベルはイヴェルドンのペスタロッチを訪ね，この学校での彼の教育実践を参観している。その3年後にも彼は教え子とともにペスタロッチのもとを訪ね，2年の月日をかけてペスタロッチの実践を参観し，教育研究に努めている。

1811年には，ゲッティンゲン大学に入り直し，語学と自然科学を学んでいる。この時に学んだ自然科学は，化学，物理学，鉱物学，自然哲学等であった。2年後の1813年にプロイセンがナポレオン軍からの解放を目指して決起した時には，フレーベルも銃を持って参戦している。

その後，ベルリン大学の鉱物博物館の助手になったが，この時の研究は，後年の彼の自然観につながったとされる。またこの時代に，鉱物学研究とは別に，ルソー，ペスタロッチ，バセドゥ，フィヒテ等の著作を読みふけり，このうちフィヒテの思想は，フレーベルに大きな影響を与えている。ただし教育思想としては，国民国家教育論を説くフィヒテよりも，家庭の愛を基盤とするペスタロッチ教育理論にフレーベルは惹かれ続けた。

1816年，フレーベル34歳の時に，亡くなった兄の3人の遺児を含んだ6人の生徒のためにグリースハイムで**「一般ドイツ学園」**を開設し，教育実践に当たっている。この学校は翌年にカイルハウに移転したが，1825年には56人の生徒数になっていた。

そして彼の功績のうち最も注目される幼児教育に関しては，1840年に**「一般ドイツ幼稚園」**を創設したことが挙げられる。ここをフレーベルは「子どもの園（Kindergarten）」と命名した。こうして彼は幼児教育に尽力し，その間に**『人間の教育』**を著すなど，精力的に彼の教育思想の発表にも努めていたが，1848年にドイツ三月革命が起こると，社会主義者のカール・フレーベルと間違えられて，1851年に彼の幼稚園は反社会的勢力の拠点とみなされて閉鎖に追い込まれた。そして翌年，失意のままにフレーベルはこの世を去った。

（3）フレーベルの人間観，世界観

①　シェリングからの影響

ドイツ観念論の哲学者**シェリング**（Friedrich Wilhelm Joseph von Schelling,

1775～1854）は，精神と自然，自我と非我の同一性を説いた。彼によると，認識対象をわれわれの精神が認識することは，対象そのものも生命的，精神的であることによって可能になるのだという。彼の哲学は，同一性の哲学と呼ばれ，宇宙を大きな有機体として捉え，鉱物，植物，動物，人間のなかに一貫した統一をみる，生命統一の思想であった。このシェリングの精神と自然，自我と非我との合一の考え方は，後にフレーベルの幼児と環境との関係説明に援用された。

②　クラウゼからの影響

クラウゼ（Karl Christian Friedrich Krause，1781～1832）は，この世の万物が神に内包されているという「万有在神論（panentheism）」を主張した。

フレーベルの世界観は，すべて神的統一に基礎を持っている。ここでいう「神」とは，キリスト教的な神というよりも，汎神論的な神であり，クラウゼの影響を受けている。フレーベルは，神について宗教的であると同時に哲学的な説明を与えている。

> すべてのもののなかに，永遠の法則が宿り，働き，かつ支配している。この法則は，外なるもの，すなわち自然のなかにも，内なるもの，すなわち精神のなかにも，自然と精神を統一するもの，すなわち生命のなかにも，つねに同様に明瞭に，かつ判明に現れてきたし，またげんに現れている。すくなくとも，この法則がこれ以外の仕方で存在することができないという必然性を，心情や信仰から固く信じこみ，それに貫かれ，それに勇気づけられているような人か，それとも，静澄な精神の眼によって，内なるものを，外なるもののなかに，外なるものを通して，直観し，外なるものは，必ず，かつ確実に，内なるものの本質から生じてくるものであることを洞察するような人にとっては，このことは，つねに明白な事実であったし，げんにまたそうなのである。　（フレーベル，1964a：11）

フレーベルによると，神は，永遠の法則として，万物に内在し，それに生命を与え，それを動かしており，万物の本性を形作ると同時に，万物を支配し，規定し，制約している。万物のなかに同一の永遠のものが秘められ，万物はそこから生じ，それによって生き，それによって活動し，それによって統一されている。したがって自然と人間はそれぞれ一つの統一体であるが，同時に永遠の法則のもとで一つの全体として調和的に統一されている。フレーベルの説く，人間の教育における教育目的，教育方法のあり方もこうした永遠の法則から導き出されたものであった。フレーベルは次のようにいう。

> 人間を取りまいている自然に内在し，自然の本質を形成し，自然のなかにつねに変わることなく現れている神的なもの，精神的なもの，永遠なものを，教育や教授は，人々の直観にもたらし，人々に認識させるべきであり，またそうでなければならない。教育や教授はまた，教訓と互に活発に作用し合ったり，結合したりして，自然と人間との間に同一の法則が支配していることを明らかにし，表現すべきであり，またとうぜんそうでなければならない。
> 人間と自然とは，共に神から生じ，神の制約をうけながら神のなかに安らう存在であることを，教育，教授，教訓によって，人々の意識に高め，またそれを人々の生命のなかに有効に働かしめること，これが教育全体の義務である。　（フレーベル，1964a：15）

シェリングやクラウゼの思想から影響を受け，自然（宇宙）と人間のかかわりについて独自の思想を形成したフレーベルであったが，ここでは，より教育実践理論に近い，彼の人間存在についての説明をみてみよう。

フレーベルは人間を変化し続ける存在としてダイナミックな捉え方をしている。フレーベルにとって人間は，「先へ先へと絶えず生成し続けるもの，発展しつづけるもの，永遠に生きるもの」であり，その発展に関しては，「先行のより早い段階のそれぞれのなかでの，またそこにおいての人間の充分な発達のみが，後に続くそれぞれのよりおそい段階の充分かつ完全な発達をひきおこし，生みだす」という説明がなされている（フレーベル，1964a：30）。

（４）児童神性論と自己活動の原理

フレーベルによると「神的なものの作用は，妨害されない状態においては，善であるし，また善でなければならない。全く善以外のなにものでもありえない」のであって，子どもにも神性が宿るがゆえにかれの人間性も神的であり善であるとされる（フレーベル，1964a：18）。

このような**児童神性論**といわれる子ども観から，フレーベルは子どもによる自己活動を教育の要に位置付ける。「教育，教授および教訓は，根源的に，またその第一の根本特徴において，どうしても受動的，追随的（単に防御的，保護的）であるべきで，決して命令的，規定的，干渉的であってはならない」（フレーベル，1964a：21）とフレーベルは主張する。幼児というものは，その性質上，一人で絶えず忙しく活動するが，フレーベルは，これらの活動のなかに幼児の人間としての全本質をみて，それが大人の目には意味のないものにみえたとしても，その活動を見守り，励ますよう大人たちに求めている。フレーベルはいう。「かれ，人間は，自分自身の自発的な力を用いて，自己の内的なものを，外部の固定したものの上に，かつ固定したものを通して，自己の外に表現し，形成しようとするようになる。人間のこの自発的な，自主的な発達，すなわち内的なものを，このように，自分の力で，固定したものの上に，自発的に表現するということは，人間の連続的な形成のなかにこの段階を表す言葉，すなわち幼児という言葉のなかにも，全面的に表現されている」（フレーベル，1964b：66〜67）と。

（５）遊びの教育的価値

幼児教育の方法としてフレーベルが重視したのは，遊びであった。彼は遊びを幼児期における人間発達の「最高の段階」であるとした。遊びはたんに子どもの娯楽ではなく，「遊びや作業を通して子どもの最も内面的な本質が満足されるかどうか」という点が重要であった。彼にとって遊びは「子どもの生活の要素」であり，それゆえ彼は「母たる人よ，遊びを励まし，指導せよ。父たる人よ，遊びを保護して，それを妨害しないように注意せよ」と訴える（フレーベル，1964a：71〜72）。

こうしたフレーベルによる幼児教育における遊びの重視は，遊具の発案へとつながっていく。いわゆる「恩物（Gabe）」である。フレーベルの開発した恩物は第１から第20まであり，第８までは「恩物」，第11あたりまでは「遊具」，それ以降は「作業材料」と呼ばれ，立体的なもの，板状の平面的なもの，木の棒のような線状のもの，小石のような点状のものの四つの形状によって構成される。彼は，幼児における内なるものの発達が，統一から多様へと分化すると捉えていたことから，遊具も統一から多様なものになるように発展していき，しかも全体が一つの連関を持つように配慮されていた。

この恩物考案の背後にあったのがフレーベルの「**球の法則**」であった。彼によると，「永遠なもの，根源的なもの，自己同一的なものである。あらゆる存在は，根源的な力の流出として，この絶対的中心から現れてくる。球こそ，すべての対立を解消し統一するもの」（荒井，1964：258）であって，あらゆる存在が，球的性質を持っている。

恩物を考案したフレーベルであったが，外的形式としての遊具そのものが重要なのではなく，遊具による遊びの過程で，子どもの心のなかに生ずるものが重要であり，それはたとえば遊びによって子どもに与えられる喜びや満足であったりする。

（6）幼稚園創設と幼稚運動の広がり

1840年にフレーベルは「一般ドイツ幼稚園」を設立した。当時すでに，幼児を対象とする施設として，貧民の子どもたちのための救済的・託児所的な施設，あるいは知育を中心的目的に据えた幼児学校などが存在した。フレーベルの施設は，こうした従来の就学前施設とは異なり，遊戯と作業を通して幼児たちの自己活動によって幼児の発達発育を促す教育施設であった。

フレーベルが，子どもたちを植物（ユリ）にたとえて，植物の育つ庭を幼稚園とし，自らを植物の庭を世話する園丁にたとえたことはあまりにも有名である。この彼のたとえ話が，幼稚園（「Kinder（子ども）-garten（庭）」）という言葉の由来になっている。幼稚園という花園に咲く植物としての子どもを園丁としての幼稚園教師が大切に栽培するというイメージは，今日の幼稚園教育のなかでも引き継がれているし，子どもたちを植物になぞらえた「可能性の芽を伸ばす」という常套句は今日の教育界においてもしばしば耳にする。

前に述べたように，本国ドイツではフレーベルの幼稚園は，政府の誤解もあって，閉鎖を余儀なくされ，彼の存命中に発展することが叶わなかった。フレーベルの死後，彼の教育思想は，**マーレンホルツ・ビューロー夫人**（Bertha Marenholtz-Bülow，1810～1893）によってヨーロッパ各地に広められた。1860年には**エリザベス・ピーボディ**（Elizabeth Palmer Peabody，1804～1894）によってアメリカに幼稚園が創設され，フレーベルの教育思想はアメリカ幼稚園運動としてさらなる広がりをみせた。1873年にセントルイスにおいてフレーベル主義者の**ブロウ**（Susan Elizabeth Blow，1843～1916）と教育長**ハリス**（William Torrey Harris，1835～1909）によって幼稚園は公立化され，その後アメリカの多くの幼稚園が学校教育体系の一部に組み込まれていった。

翻って今日の日本へのフレーベルの影響はどうであろうか。日本においては長らく早期才能開発を主眼とする英才教育に関心が向けられていたが，最近の流れとしては，フレーベルの教育観に立ち返ろうという傾向がみられる。2017（平成29）年３月に告示された「幼稚園教育要領」に関して，「幼稚園教育の基本」が，「環境を通して行う」ことを旨とする点では従前通りであるが，特記すべきは「幼児の自発的な活動としての遊びは，心身の調和のとれた発達の基礎を培う重要な学習であること」と明記され，遊びが学習として位置付けられた点である。遊びを中心とする幼児の自己活動を通して，彼らの主体性を育てることを重視する幼児教育の要諦として，フレーベルの教育思想は，彼が幼稚園を創始して以来180年の時を隔てた今日においても脈々と受け継がれている。そして，墓碑に刻まれた「さあ，われわれの子どもたちに生きようではないか！（Kommt, lasst uns unsern Kindern leben!）」というフレーベルの言葉は，今日でも幼児教育に携わる人間にとっての，ある種の倫理綱領として生き続けている。

2　ヘルバルトの教育思想

図5-2　ヘルバルト

（1）ヘルバルトの生涯

ヘルバルト（Johann Friedrich Herbart, 1776～1841）は，ドイツにおいて哲学，心理学，教育学の領域で活躍した「理論家」であり，彼は「**科学的教育学の父**」と称される。この呼称は，彼が実践哲学と心理学を援用して学問としての「教育学」を樹立したことによる。また実践理論として彼が提唱した四段階教授法は，ラインやチラーなどの弟子によって五段階教授法として世界各地に伝えられ，後世の学校教育に大きな影響を与えた。フレーベルと同様に，ヘルバルトもドイツ観念論哲学から強く影響されており，フィヒテに師事した経験を持ち，大学教員としてはカントの後任を務めている。ヘルバルトの功績の土壌は講壇哲学者としての学問の世界にあり，彼は学者肌であった。

ヘルバルトは，1766年ヴェーゼル河畔のオルデンブルクに生まれた。父は法律顧問官兼司法官，母は才気あふれる賢婦人であった。幼少の頃は病気がちで，教育は家庭教師エルツェンから受けた。幼少時，広く学び，音楽にも親しみ，演奏会を催したり，ピアノソナタの作曲もした。

1788年にラテン語学校に入学し，その後ギムナジウムに在籍した。この時代にカント哲学に関心を持った。ギムナジウム卒業時には，キケロとカントの思想の比較をして注目された。1794年にイエナ大学に入学し，そこではフィヒテから直接哲学を学んだ。当時，彼はフィヒテの第一の弟子と目されたが，フィヒテと科学に関して見解が相違して，結局はフィヒテのもとを去り，独自の道を歩むことになる。

大学卒業後，スイスのベルンにおいて，シュタイガー家の家庭教師になり，2年間3人の子どもの教育に携わりながら，子どもと教育に関する研究を行った。そしてヘルバルトのその後の人生を決定付けたのも，この家庭教師の経験が機縁となった。教育研究に本腰を入れようと，1799年にヘルバルトは，ブルクドルフのペスタロッチを訪ねている。そこで彼はペスタロッチの教育実践に感銘を受け，この時の参観は，『ペスタロッチの最近の著作「ゲルトルート教育法」について』『ペスタロッチの直観の ABC』の出版につながった。

その後，1802年にヘルバルトは，ゲッティンゲン大学の私講師になり，1805年には同大学の客員教授になっている。大学教員時代には『世界の美的表現』(1804)，**『一般教育学』**(1806)，『論理学綱要』(1806)，『一般実践哲学』(1808)といった数々の著作を発表した。そして1809年には，カントの哲学講座の後任としてケーニヒスベルク大学に着任している。この大学で哲学と教育学を講じる一方で，教員養成所と附属の実習学校を設置して教員養成にもかかわった。1833年には再びゲッティンゲン大学に戻り，哲学部長を務めている。この時期の著作が，彼の教育理論および実践の集大成である『教育学講義綱要』(1835)である。この書の出版の後1841年にヘルバルトは脳卒中で他界している。

(2)「教育学」の樹立

前章で取り上げたペスタロッチ，前節で取り上げたフレーベルは，教育理論家というよりはむしろ教育実践家としての性格が強い。彼らは，自らの経験に基づく優れた実践を行ったものの，自らの実践を理論化し，体系化することには積極的ではなかった。本節のはじめに述べたように，ヘルバルトの教育史上の功績は，学問としての教育学を樹立したことである。

ヘルバルトは，ペスタロッチの優れた教育実践から感化される形で，教育研究に没頭したのであるが，彼は，ペスタロッチを含むこれまでの教育実践が個人の枠内にとどまり，その理論を紹介する書物もたんなる個人的な経験の叙述にすぎなかったことを批判的に捉えた。こうした批判から出発したヘルバルトは，教育実践の語りに科学的根拠を持たせることで学問としての「教育学」を樹立し，さらにそれを体系的に組織することに取り組んだ。

① 科学的教育学

「科学的」と称されるヘルバルトの教育学は，実践哲学（倫理学）と心理学とを基礎科学として構想された。彼の『一般教育学』では「科学としての教育学は実践哲学と倫理学とに依存する。前者は陶冶の目的を示し，後者はその道と手段を示す」と述べられている（ヘルバルト，1960）。目的に関して，子どものあるべき姿，子どもの向かうべき理想は，倫理学の基本概念を用いて基礎付けられ，他方方法に関しては，子どものある姿，子どもの現在のあり方について体系化する心理学から多くの示唆を得て規定されるとヘルバルトは考えた。

ヘルバルトの科学的教育学の樹立の背景には，彼のペスタロッチ教育実践への傾注が挙げられる。ヘルバルトはペスタロッチの教育実践を参観することで感化され，彼の実践に対し一定の敬意を表していた。しかし一方で，それが一人ペスタロッチ一代で終わってしまうことにヘルバルトはペスタロッチ教育実践の限界を感じていた。この限界を克服するためにヘルバルトは，ペスタロッチの教育実践，殊に直観教授法を体系化することで，同時代あるいは後世の教師に伝えることを考えた。

② 「教育的教授」と「興味」概念

ヘルバルトの場合，教育は，道徳の概念や理念として子どものなかに定着する時に初めて完成する。ヘルバルトによると，教授は子どもによる認識作用の過程で，知識全体の体系を作り出す手段であって，とくに教授の結果「道徳的品性の陶冶」に貢献するような教授を彼は「教育的教授（der Erziehung Unterricht）」と呼んだ。彼は『一般教育学』のなかで「人間の最高の目的，したがって教育の目的として，われわれは一般的に道徳性を認める。徳とは教育目的全体にたいする名称である」と述べている（ヘルバルト，1960）。彼によると「道徳的品性」は，「内的自由の理念」「完全性の理念」「好意の理念」「正義の理念」「公平の理念」の五つの理念が体現された状態であるとされ，これらが個人のなかで実現されて初めて理想的な道徳的品性が形成される。このヘルバルトの考えは，実質的知識の獲得（実質陶冶）と精神的能力の形成（形式陶冶）を結び付けた点に特徴を持っていた。

ヘルバルトは教育的教授と管理（Regierung）と訓練（Zucht）とを明確に区別している。彼によると，管理は，進行を妨げる外的障害を除去する措置であり，たとえば教師の指図を静かに聴かせるなどがこれに当たる。つまり管理とは，子どもの粗暴さの克服を目的とした外的強制力のことである。そして訓練とは，直接子どもの心情に作用し意志に影響するものであり，たとえば教師の生徒に

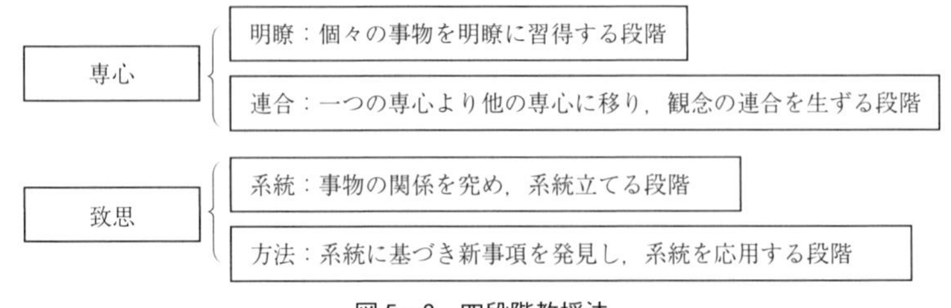

図５－３　四段階教授法

出所：筆者作成。

対してとるべき必要な諸規定がこれに当たる。

この管理と訓練に対して，教授の目的は，思想圏の陶冶によって意志の根源を構成することにある。彼によれば「思想圏の陶冶こそ，教育の基本的部分である」(ヘルバルト，2000)。教授によって子どもは，自らの意志を持つようになる。そして心の準備をさせる訓練と子ども全体に対する管理によって，うまく教育は進行する，とヘルバルトは考えていた。

具体的には，人間と自然とにかかわる興味からなる多面的興味を育てることによって思想圏（Gedankenkreis）は形成される。彼によると「興味は，欲望，意志および趣味判断と同じように，無関心性と対立しはするが，その対象を処理するものではなく，対象に依拠していることによって，前の三者とは区別される。興味は静観において展開されるものであり，直観された現在のものにいぜんとして付着しているのであ」り，したがって「興味の概念は，われわれがいわば人間の活動性の芽からあるものを打ち切ることによって，あるいは，もちろん内部的な活動にけっして多様な表現を拒絶するものではないが，しかしその最後の外部的表現を拒絶することによって，成立するのである」。

③　四段階教授法の提唱

ヘルバルトの教授法は，大きくは「専心」と「致思」からなり，それぞれ，〈明瞭〉〈連合〉と〈系統〉〈方法〉のさらに二つに分けられている。各段階の説明は図５－３のようになっている。

専心と致思はそれぞれ，人間の心の静止的状態と運動的状態によってなっており，専心では明瞭が前者，連合が後者，致思では系統が前者，方法が後者に相当する。ここに示された教授過程は，「個々の事物を明瞭に習得する（直観）」ことからはじまり，次に得られた新しい観念とすでに持っている観念に結び付け，さらに一定の系統的に秩序付けられた知識となるように発展させ，最後に発展された観念が日常生活での実践に応用されるという段階によって構成される。彼のこの**四段階教授法**は，「直観から概念へ」というペスタロッチの直観教授の過程が論理的に体系化されたものであった。

（3）今日の教育界への影響

①　四段階教授法の発展

ヘルバルトの四段階教授法は，彼の死後，**チラー**（Tuiskon Ziller, 1817～1882），**ライン**（Wilhelm Rein, 1847～1929）によってそれぞれ五段階教授法として整理された。チラーは「明瞭」を二つに分けて「分析」「総合」「連合」「系統」「方法」の五段階を，ラインは「予備」「提示」「比較」「概括」「応用」という五段階を提唱した。

その後1888（明治21）年にヘルバルト学派であるハウスクネヒト（Emil Hausknecht, 1853～1927）が東京帝国大学に招聘されて教育学を教授し，初等教育現場に普及した。ヘルバルトの教授法を日本の教育界に広めるきっかけになったのは，1901（明治34）年の大瀬甚太郎と中谷延治の『教授法沿革史』である。その当時，日本では国家主導のもとでの近代学校制度の確立期に当たり，ヘルバルトの教授理論とともに，彼の主張した「道徳的品性の陶冶」が儒教倫理と結び付けられて伝えられた。明治30年代には，「ヘルバルト主義」「段階教授法」という言葉が教育界に浸透し，一つのブームとなり，そのなかで教授の定型化の動きが加速された。しかし，ヘルバルトや彼の後継者たちの提唱した教授法は，皮相的にしか受け止められず，やがて形骸化していった。教授法という点に限ってみると，彼の営為そのものが教育におけるマニュアル主義を助長したとの批判もある。しかし他方で，マニュアル化されない熟練の技は，彼一代で終わるか，伝え立てるにしても直接的に伝授できる少数の範囲にとどまる。たんなる教育理論から教育という一つの学問体系を構築するというヘルバルトの試みによって，優れた教育実践の共有が，時間空間の隔たりがあっても，

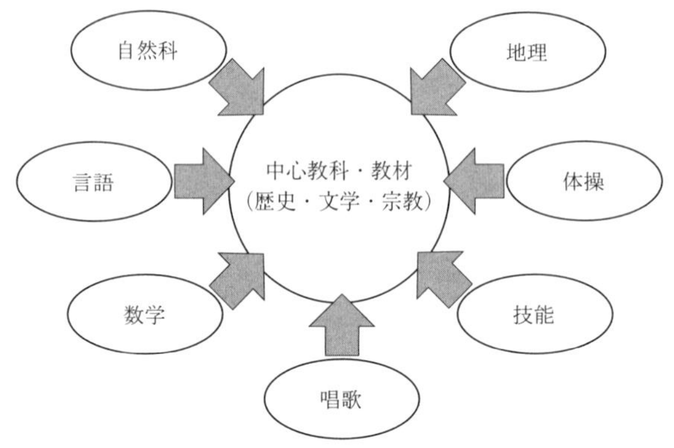

図5－4　チラーの中心統合法

出所：筆者作成。

可能となったといえる。

② ヘルバルト主義の「中心統合法」

チラーは，ヘルバルトの考えを受け継ぎ，教授の中心を道徳性の陶冶に置き，多面的興味と人格の統一的形成を意図して教科・教材の構成を考えた。彼が提示した教科・教材の構成は「**中心統合法**」と呼ばれる。彼によれば，子どもの道徳性陶冶の中核的教科・教材を中心に置き，周辺部にはさまざまな教科・教材が中核的教材と内面的相互関連性を保つように統合的に構成されなければならない（図5－4）。

このチラーの中心統合法は，その後ドイツにおける「合科教授（Gesamtunterricht）」やアメリカにおけるカリキュラム統合論などに影響を与えた。

そのなかでも，アメリカのパーカーは，中心に地理，周辺にその他の科目を置き，子どもの経験を教材とする児童中心カリキュラムを考案し，ヘルバルト主義の考え方を進歩主義教育理論のなかに取り入れた。

さらにヘルバルトの興味理論は，子どもの興味関心を出発点とする探究に基づくデューイの問題解決学習にも影響し，デューイはヘルバルト（主義）の教授理論を批判的に継承している。

このようにヘルバルトとその後継者たちの教育思想は，ドイツのみならず世界各国に影響を与えたのであるが，その功績は上にみてきたように教授理論から「教育学」という学問体系のデザインに至るまで，多岐にわたっていたといえる。

学習課題

① フレーベルの創設した幼稚園が，その後，世界でどう展開したのか調べてみよう。

② ヘルバルトの四段階教授法の理論をつかって，具体的な授業の手順をイメージしてみよう。

引用・参考文献

荒井武「解説」F. W. A. フレーベル『人間の教育　下』荒井武訳，岩波書店，1964年。
石村華代・勝部勝一郎編著『教育の歴史と思想』ミネルヴァ書房，2013年。
今野喜清『教育課程論』第一法規，1981年。
高久清吉『ヘルバルトとその時代』玉川大学出版部，1984年。
フレーベル，F. W. A.『フレーベル自伝』長田新訳，岩波書店，1949年。
フレーベル，F. W. A.『人間の教育　上』荒井武訳，岩波書店，1964年a。
フレーベル，F. W. A.『人間の教育　下』荒井武訳，岩波書店，1964年b。
ヘルバルト，J. F.『一般教育学』三枝孝弘訳，明治図書出版，1960年。
ヘルバルト，J. F.『世界の美的表現』高久清吉訳，明治図書出版，2000年。
山崎英則・徳本達夫編著『西洋の教育の歴史と思想』ミネルヴァ書房，2001年。
Ziller, T., *Grundlegung zur Lehre vom erziehenden Unterricht,* 1865.

第6章

新たな包摂の時代に向けて
——20世紀以降の教育——

本章では，19世紀末から20世紀初頭に世界的に生起した新教育運動の理論と実践について取り上げ，その運動の歴史的意義を明らかにするとともに，戦後の教育に関する考え方に影響を与えたブルーナー，ラングラン，イリイチ，バンク＝ミケルセンを取り上げ，20世紀教育思想の多様な展開について考察する。

1　ヨーロッパにおける新教育運動の生起と展開

(1) 公教育の整備と新たな課題

19世紀後半には世界各国で公教育が整備された。この公教育は，制度として国民教育の財政的維持と管理に国家が責任を負い，国民にとっては学校体系の一部が義務教育となり就学が義務付けられるという特質を持つ。それは国家統合や新しい生産工程に適応する人材育成であったりと政策主導で進められた点も見逃せない。

教育環境の点では，全民就学の実現のために，いわゆる「マスプロ教育」が主流であり，学校では，一度に多くの子どもたちを効率よく教育するために，画一的内容の一斉教授という方法が用いられていた。その結果として，当初の公教育は，子どもたち一人ひとりの個性に配慮した教育からは程遠かった。

このような公教育の負の側面は改革される必要があった。その一翼を担ったのが，19世紀末から20世紀初頭に世界同時発生的に起こった新教育運動である。新教育運動はさまざまな形で展開するが，全体としては次の傾向を持っていた。すなわち児童中心主義，全人主義，活動主義，労作主義，生活中心主義である。

（2）さまざまな新教育運動

① アボッツホルムの学校

新教育の原型は，イギリスのレディの学校にみられる。**レディ**（Cecil Reddie, 1858～1932）は，1889年にダービーシャーの**アボッツホルム**（Abbotsholme）に学校を創設している。この学校は，当時のイギリスで伝統的な紳士教育を行っていたパブリック・スクール（Public School）のスポーツ万能主義，古典主義に対する批判から，近代的科学精神に基づく現代生活に適応できる新しいタイプの紳士教育を目指した。

② 田園教育舎

このレディの学校で教師経験を持った**リーツ**（Hermann Lietz, 1868～1919）は，ドイツのハルツ山地のイルゼンブルクに「田園教育舎（Landerziehungsheim）」を創設した。ここでは労作活動を通して子どもたちの主体性と協同性とが養われ，「自主独立の行動人」の育成が目指されていた。この人間像は，知性，心情，技能が統合された理想としての「全人」であり，リーツは自治を有する共同生活のなかで育成が可能であると考えていた。

③ ロッシュの学校

社会学者**ドモラン**（Joseph-Edmond Demolins, 1852～1907）は，リーツ同様，レディの思想と実践の影響を受け，パリ郊外ギシャルディエールに**ロッシュの学校**（Ecole des Roches）を開設した。この学校の開設趣旨は，「身体のためにも精神のためにも，いっそう自由で，はるかに自然で，いちだんと活力のある生活」の確立にあった。ドモランは『新教育――ロッシュの学校』（1899）のなかで「本のなかに書いてあることだけを子どもに教えるのが大切なのではない。生活のなかにあるもの，現実の生活それ自体を教えることのほうがもっと大切である」と述べている（ドモラン，1978）。

④ 「生活の本」

新教育は公立学校のなかにも起こった。**フレネ**（Celestin Freinet, 1896～1966）が行った学校印刷による学習活動がそれである。フレネは1920年に赴任したフランス南部の学校で，学校印刷における生徒の労作活動と彼らの自由な創造的表現活動とを結び付けようと努めた。彼は「**生活の本**」と呼ばれたテキストを子どもたちに手作りで作成させ，内容の選定，執筆，印刷といった一連の作業過程を通して子どもたちの自主性を育成しようと試みた。彼はいう。「このテキストこそ，かれらの興味の中心であって，それをめぐって子どもと学校の間，子どもと教師の間につくられる不思議な力の結びつきを瞬時でも断ち切ることなしに，さまざまな教科に関連する学習活動が容易に喚起されるのである」（フレネ，1979）。

⑤　子どもの家

今日，モンテッソーリ教育，モンテッソーリ法として知られる幼児教育の方法は，1907年に，**モンテッソーリ**（Maria Montessori, 1870～1952）が開設した「子どもの家（Casa dei Bambini）」で実践された。この施設は，ローマの都市計画の一環としての貧民街の改良を目的として設置され，３歳から７歳までの子どもを収容して，彼らに対し感覚主義の教育が試みられた。ここで，子どもたちは，一日に８～10時間ほど過ごした。子どもに与える感覚的影響への配慮から環境は美しく整えられ，そのなかで子どもたちは園芸，動物飼育，体操，食事，入浴，粘土細工等さまざまな活動を行った。モンテッソーリ教育の根本原理は，環境を体験することを通した自己発展と自律性の二つに集約される。この原理のもと，子どもの自発性が尊重され，感覚訓練を通して，子ども自身による自己教育の実現が目指された。彼女が子どもの感覚訓練を目的として考案した教具は「モンテッソーリ教具」として今日でも有名である。

⑥　自由ヴァルドルフ学校

モンテッソーリ教育と同じく，今日の教育界で影響力を持っているのがシュタイナー教育である。**シュタイナー**（Rudolf Steiner, 1861～1925）は，1919年にオーストリアのシュツットガルトでヴァルドルフ・アストリア煙草工場の所有者に請われて，労働者の子弟のための学校を開設した。これがシュタイナー教育の原点となる**自由ヴァルドルフ学校**（Freie Waldorfschule）である。この学校の特色として，文字学習の前にさまざまな線や形を描く「フォルメン（Formen）」，律動的な身体芸術としての「オイリュトミー（Eurhythmie）」の授業が挙げられ，総じて事物の感覚的把握が重視された。

また固定した教科書もなく，独特の授業形態として「エポック授業

(Epochen Unterricht)」が採用されている。「周期集中授業」と訳されるこの授業では，一定の教科の学習において，時間割による中断を避け，一定の学習が一区切りにくるまで連続的な学習が行われ，数週間にわたり毎日同じ教科の学習に時間が割かれる。

その他のシュタイナー教育の特徴としては，テストがなく通知表が点数評価でないこと，八年間担任制が有名である。これらは，子どもたちの個性とその進展を可能な限り手助けする目的から採用されている。

⑦　サマーヒル学園

新教育運動のなかでも世界的な関心をひきつけた学校は，**ニイル**（Alexander Sutherland Neill, 1883～1973）が1921年にロンドン郊外に開設したサマーヒル学園（Summerhill School）である。この学校は，男女共学制で，教職員と生徒による学校自治の実現を通して自由を保障する共同社会の形成が目指された。教育に関するあらゆる規則や制度は，生徒の自由を抑圧するとニイルは考えていたので，この学校では可能な限り規則は取り除かれた。基本的には手工や労作活動が重視されていたが，生徒が学ぶ対象は，生徒が学びたいと欲するものであるとして，教育内容の決定も究極的には生徒の自治に委ねられた。

学校運営における自治を実現するために，毎週土曜日に自治会が開催され，そこでこの学校のすべての問題が協議され，決定された。自治会には，生徒，職員全員参加で，方針決定の際には両者ともに平等に１人１票の権利を持っていた。

2　アメリカ進歩主義教育運動

アメリカの新教育は，「進歩主義教育（Progressive Education）」の別名を持つ。この運動の源流は，1830年代の超越主義者たちの思想と実践，そのなかでも**エマソン**（Ralph Waldo Emerson, 1803～1882）の思想と彼の思想に呼応する形で教育を展開した**オルコット**（Amos Bronson Alcott, 1799～1888）の実践まで遡ることができる。

（1）エマソンの「自己信頼」の思想

エマソンは，いわゆる「教育実践家」ではない。彼は文芸史上「アメリカ・ルネサンス（American Renaissance）」の中心的人物である。エマソンの思想原理である超越主義（Transcendentalism）は，人間と自然とが一つの精神（エマソンは「大霊（over-soul）」と呼ぶ）に包摂され，それゆえに人間精神のなかに「神」を認識する直観を認める，ある種のロマン主義であった。こうした自然観，人間観が，彼の「自己信頼」思想の背景となる。彼はエッセイ「自己信頼」のなかで「あなた自身の思想を信じること，自分の心に秘められ，自分にとって真実であると思われることは，万人にとっても真実であると信じること――それが非凡な普遍的精神というものである。自らの心に秘められている革新を語るがよい。そうすれば，それは普遍的な息をもつようになるであろう」（エマソン，1971：40）と述べ，自らの本性の法則に従った生き方をすすめている。この自己信頼の思想は，彼の子どもをみる目にも影響した。彼は『教育論』（1863/1864）のなかで「教育の秘訣は生徒の尊重にある。……“自然”が新しくつくり出すものをひたすら待ち受けるがよい。……子どもを徹頭徹尾尊重せよ」と訴えている（エマソン，1971：24～25）。このようにエマソンの自己信頼の思想は，子どもの本性を尊重する態度へとつながったといえる。

（2）オルコットの教育実践

エマソンは「思索の人」であったが，彼の子ども本性の尊重への要請は，オルコットの教育実践として具現化された。オルコットは子どもの内に早くから良心の働きを見出し，彼らの本性を尊重することに努めた。オルコットの教育実践の代名詞ともなったボストンのテンプル・スクール（Temple School）では，体罰を廃止し，子どもの自由な思考と表現を促すために授業に「会話」を採り入れるなどの19世紀当時としてはユニークな教育改革を行っている。

この学校での実践は，『ある学校の記録』『福音書に関する子どもたちとの会話』として出版され，国内外で肯定的な評価を得た一方で，会話においてオルコットが子どもたちにさせていた聖書の自由解釈には批判もあり，彼の実践に対する論争がボストンで起こった。彼の学校には一定の支持者たちがいたが，オルコットが黒人の少女の入学を認めた時には，こうした支持者たちも離れていき，結果的に1839年9月にテンプル・スクールは閉校した。

（3）パーカーの理論と実践

運動としての進歩主義教育の起点となるのが，**パーカー**（Francis Wayland Parker, 1837～1902）の理論と実践である。彼は1875年にマサチューセッツ州クインシー教育長になり，当地の学校改革に尽力した。その後1883年にイリノイ州イングルウッド村のクック師範学校（the Cook County Normal School）の校長として児童中心主義の理念に基づき教育実践を行う機会を持った。同師範学校はイングルウッド村がシカゴ市に加わったことからシカゴ師範学校（the Chicago Normal School）に改称された。

さらに1899年にパーカーが創設した附属実験校を持つ教員養成校であるシカゴ学院（the Chicago Institute）は1901年にシカゴ大学に編入されパーカー・スクール（the Parker School）と呼ばれた。この学校は「**児童中心学校**（Child-centered school）」として機能した。パーカーは，短い期間であったが，シカゴ大学でデューイとも同僚であった。

またパーカーは，1889年に『地理学学習法』，1894年に『**教育学講話**』を著すことで，理論と実践において初期の進歩主義教育運動をリードした。

パーカーは，カリキュラムの中心に地理と自然学習を位置付けた中心統合法によって，児童の経験を教材として積極的に採り入れる教授法を提案した。パーカーによれば「発達させられるべき児童こそが，教育の内容と方法を決定する」のであった（パーカー，1976：154）。

（4）デューイのプラグマティズム

エマソン，オルコットを源流とし，パーカーによって始動された進歩主義教育運動は，**デューイ**（John Dewey, 1859～1952）によってさらなる展開をみる。デューイは，**プラグマティズム**の創始者の一人としても知られ，彼の教育理論はこの哲学と一体であった。

デューイは，1894年にシカゴ大学に着任し，2年後の1896年に同大学で附属

図6-1　デューイ

実験学校（the Laboratory School）を設立した。通称デューイ・スクール（the Dewey School）と呼ばれるこの学校での彼の教育実践については，1899年に著された**『学校と社会』**のなかでまとめられている。またコロンビア大学時代に著された**『民主主義と教育』**（1916）では彼の教育思想が体系的に示されている。

①　子ども中心主義的要素

全般的にみてデューイの教育思想には子ども中心主義的要素が含まれる。この要素が端的に表れているのが『学校と社会』のなかの次の行である。「旧教育は，これを要約すれば，重力の中心が子どもたち以外のところにあるという一言につきる。重力の中心が，教師，教科書，その他どこであろうとよいが，とにかく子ども自身の直接の本能と活動以外のところにある。それでゆくなら，子どもの生活はあまり問題にならない。……このたびは子どもが太陽となり，その周囲を教育の諸々のいとなみが回転する。子どもが中心であり，この中心のまわりに諸々のいとなみが組織される」（デューイ，1998：96）。

②　経験主義的要素

デューイの教育理論（学習理論）の基本姿勢は「為すことによって学ぶ（learning by doing）」である。彼によると「知識の獲得は，学校の課業ではなくて，それ独自の目的をもつ活動の副産物であるべきなのである。もっと明確に言えば，認識の最初の段階は，いかにして物事をなすべきかを学習することや，その活動において得られた事物やプロセスについての心得にある。遊びや仕事は，そのような認識の最初の段階の諸特徴をひとつひとつ正確に符合しているのである」（デューイ，1975b：8）。ここに示されているデューイの知識観は非常に幅広く奥行きあるものである。知識の獲得は副産物で，その獲得のプロセスを彼は重視する。したがってここでの子どもたちの学びは経験と同義であり，生活＝教育という等式が成立することになる。デューイはいう。「教育とは発達であるといわれるのなら，その発達をどのように考えるかですべては決まってくる。われわれの正真の結論は，生活は発達であり，発達すること，成長することが生活にほかならない，ということである。このことをそれと同等の意味を有する教育的表現に翻訳するならば，（ i ）教育の過程は，それ自体を越えるどのような目的ももっていない，すなわち教育の過程それ自体が目的にほかならないということである。さらに（ ii ）教育の過程は，連続的な再構成，改造，変形の過程である，ということになる」（デューイ，1975a：87)。このようにデューイの理論では，生活，発達，成長が生命の連続的な再構成と同義であり，社会における経験を通して実現されるものであった。したがって，彼のいう教育とは一貫して経験を指していた。

③　民主主義と教育

デューイは，子どもたちが経験を通して動的に変化し成長を遂げるそのプロセスに民主主義をみていた。デューイの用語としての「民主主義」は，たんなる政治形態を表す言葉ではなく，人間的な成長発達を最大限に実現する個人としての生き方そのものであった。個人は成長過程において自らの経験を拡大し，他者と経験を共有することを通して，他者との相互作用のなかで生活経験を創造していく。デューイにとって，民主主義とは，外から教え込まれる抽象的で固定的な概念ではなく，他者と紡ぎ出すこの生活経験こそがまさに民主主義の実体なのである。

（5）デューイの後継者たち

デューイの実験主義教育理論を方法原理としてより具体的に簡略化したのが**キルパトリック**（William Heard Kilpatrick，1871～1965）であった。彼は**プロジェクト法**（the Project Method）を考案した。この理論では，学習は次のような過程を経て展開する。すなわち，(1)目的立て（purposing），(2)計画（planning），(3)遂行（executing），(4)判断（judging）の四段階である。キルパトリックによると，「全精神を打ち込んだ目的ある活動（wholehearted purposeful activity）」を通して知識が獲得されると同時に，その過程では「付随学習（concomitant learning)」が伴うとされる。この付随学習は，知識や技術についての学習を通して得られる心的な態度等の性格形成学習である。

ドルトン・プラン（Dalton Laboratory Plan）の提唱者である**パーカースト**

(Helen Parkhurst, 1887～1973) もデューイ実験主義教育理論継承者の一人である。彼女の学校では，教授は「アサインメント (assignment)」と呼ばれる契約仕事を中心に構成された。子どもたちはアサインメントの学習を教師から契約の形で引き受けて，自由に実験的に取り組んでいた。またこの学習は，「自由 (freedom)」と「協同 (co-operation)」を原理として遂行された。

これらの方法以外にも，**ウォッシュバーン**の「**ウィネトカ・プラン** (Winnetka Plan)」，ワートの「ゲーリー・プラン (Gary Plan)」，ハートウェルの「プラトゥーン・プラン (Platoon Plan)」等が考案され，1920年代から30年代にかけてアメリカ進歩主義教育は隆盛期を迎えた。

これらの方法は，世界各国の多くの学校において新教育の方法として採用され，キルパトリックのプロジェクト法，パーカーストのドルトン・プランは，大正時代の日本にも移入された。前者は藤井利誉と北沢種一らによって東京女子師範学校および同校附属小学校の，後者は沢柳政太郎らによって成城小学校の実践に取り入れられ，その理論的な研究がなされた。

3　第二次世界大戦後の教育思想

(1) 教育の現代化

第二次世界大戦後，世界各国の教育は，国際情勢，国内の政治，経済，社会的な要因と関連して著しい変化発展をしてきた。

巨視的にみると，第二次世界大戦後は，世界各国において，それぞれの初等中等教育制度を質的に民主化していく改革の時期であり，また量的には高等教育入学資格の拡大を目的とした改革の時期であり，さらに教育内容・方法に関連したカリキュラムの現代化に向けた改革の時期であった。こうした改革は，学校教育を中心とした教育改革であったが，戦後にはもう一つの動きとして，学校と教育を根本的に捉え直す思想も登場した。

ここでは戦後の教育思想として，ブルーナー，ラングラン，イリイチを取り上げることにしたい。

（2）ブルーナーの「教育内容の現代化」

第二次世界大戦直後から世界は米ソの二大国を主導として動き始めた。社会体制をめぐる対立から，アメリカを中心にした西側とソビエトを中心とした東側に分かれて冷戦と呼ばれる国際情勢が築かれていく。この情勢下，1957年にソ連が人工衛星スプートニク１号打ち上げに成功した。この事実はアメリカにとっては大きな打撃（「スプートニク・ショック」と呼ばれた）となった。

宇宙開発においてソ連に遅れをとったアメリカでは，1959年に全米科学アカデミーがケープ・コッドのウッズ・ホールに35人の科学者教育者を集め，初等・中等教育における自然科学教育の改善について検討を行った（「ウッズ・ホール会議」）。この会議の議長であった**ブルーナー**（Jerome Seymour Bruner, 1915～2016）は，翌年この会議報告を**『教育の過程』**としてまとめた。

ブルーナーはそのなかで「どの教科でも，知的性格をそのままにたもって，発達のどの段階のどの子どもにも効果的に教えることができる」と主張した。彼の立場は，レディネスにかかわらず教え方の工夫によって，どの年齢の子どもにも教育が可能であるというものであった（Bruner, 1960：33）。

自然科学教育改善に向けてのブルーナーの批判は，直接的にはデューイ以降の経験主義教育理論に向けられた。彼によれば，これまでに経験主義教育が，「経験」を強調するあまり，自然や社会についての客観的な知識を軽視することになったり，目先の生活上の問題解決のための断片的学習に堕してしまい，基礎学力を低下させてしまったということである。ブルーナーの提示した「構造」論は，これまでの経験主義教育の欠点を克服するため，知識それ自体の論理に即して教科内容を系統的体系的に編成するための理論であった。ブルーナーはこの理論についてデューイ批判を交えつつ次のように要約している。「教科内容の問題は知識の本質に関してのみ解決できる。知識はわれわれが経験に意味を与え，そこにある法則性を見出すためのモデルである。……第一に，知識の構造――その相互関連あるいは概念のあいだの因果関係――こそ教育の重点となるべきものである。なぜなら，学習の対象に意味を付与し，新たな経験的領域を開かせてくれるのは，この構造すなわちバラバラな観察の集まりを秩序づけるべく考え出された概念だからである。第二に，知識にそれだけの価値があるというなら，知識を結合する基礎は知識自体のなかに求めるべきである。デューイが試みたように，教育内容の妥当性を児童の社会的活動との関連という立場から検討しようというのは，知識の本質や知識習得の方法を誤って解している」（ブルーナー「ジョンデューイの後にくるものは何か？」）。

さらにブルーナーは，学習者が自分自身で知識の構造を発見することを求める。こうしてブルーナーの「構造」論から学習方法論としての「発見学習（heuristic learning）」が提起された。ブルーナーは「ちょうど物理学者が，自然のもっている究極の秩序と，その秩序は発見できるものであるという確信に関して一定の態度をもっているのと同じよう」な仕方でもって学習者が知識の構造を発見することを期待し，しかも「ただ一般的原理を把握するというだけではなく，学習と研究のための態度，推量と予測を育ててゆく態度，自分自身で問題を解決する可能性にむかう態度などを発達させること」を求めた（Bruner, 1960：20）。

ブルーナーは，このように構造化された知識を系統的に学ぶことで，アメリカの自然科学教育の改善を目指したのであるが，彼の主張に基づく教育課程に対しては「学問中心カリキュラム」，教育内容編成に対しては「**教育内容の現代化**」という呼称が与えられた。

（3）ラングランの生涯教育論

戦後発足した国際連合にユネスコ（United Nations Educational, Scientific and Cultural Organization：UNESCO）が置かれ，諸国民の教育，科学，文化の協力と交流を通じて，国際平和と人類の福祉の促進を目的として機能している。

1965年にユネスコでは，「第3回成人教育国際推進委員会」で「生涯教育について」という資料が提出された。この資料をきっかけに，「**生涯教育**」（今日では「**生涯学習**」）という言葉が世界中に広まった。

この資料の作成者は**ラングラン**（Paul Lengrand，1910~2003）であった。彼はフランスにおけるエリート階層出身であり，パリ大学卒業後にリセの教員を務めた。教員をしていた第二次大戦中には，占領下のパリでナチスドイツに対するレジスタンス運動にも参加した経験を持つ。戦後はカナダの大学勤務を経てユネスコの職員となった。彼はレジスタンス運動に参加している時，社会のさまざまな階層出身の若者たちと寝食をともにした経験から，義務教育後の教育の可能性，必要性について実感した。この時の経験が後の彼の「生涯教育」の考え方の原型になった。

ラングランの資料は次のような一文ではじまる。「教育は児童期・青年期で停止するものではない。それは，人間が生きているかぎり続けられるべきものである」。教育の時期を学齢期である児童期・青年期に限定することなく，一生涯としたところにこの資料の革新性が見出せるが，「生涯教育」の理念実現のために「個人ならびに社会の永続的な要求」に応える必要が生じる。

この考えのもとでは，学ぶ人間，学ばれる教育内容の双方をダイナミックに捉えることが求められる。知識は「つねに変化するものであり，たえず発展するもの」であり，人間は児童期・青年期以降も知的に成長を続ける存在であるという捉え方である。もともと「乳児期」「幼児期」「児童期」「青年期」等の区分けは人間の発達を表すための便宜的なものにすぎないし，その線引きは絶対的なものでもない。ましてや「学齢期」になると，制度上の就学時期を意味する概念でしかないため，人間が学ぶ時期を限定するものではない。

さらに，生涯教育は，教育の場としての「学校」という考え方にも影響を与えることになった。教育・学びの場は学校だけにあるのではなく，人間が一生のうちに参加する社会のさまざまな場にある。たとえば，地域に目を向けても，図書館，公民館，体育館等における活動や講座は学びの場となるし，学校の側でも地域の行事に参加したり，地域の人々を授業の講師として招いたりという相互交流を図ることで，地域に開かれた学びの場となる。それに加えて，今日のようなネット社会においては，情報は良い意味でも悪い意味でもネット上に氾濫している。子どもから大人まで，学校で規格化された知識だけでなく，ネット上の規格化されていない知識を参照しながら，自らの行動決定をしているのが現状であろう。

（4）イリイチの脱学校論

近代学校教育に対して，これまでにもさまざまな批判がなされてきた。前章でみた新教育（進歩主義教育）運動もその批判の典型であった。これらの批判は，近代学校の持つ教育内容，方法に対する批判が主であり近代学校教育制度内での代案として示されたものであった。つまりどの改革の試みも近代学校制度そのものに対する批判ではなかった。それに対し，近代学校教育制度そのものの正統性を根本から問い直し，その根本原理を批判したのが**イリイチ**（Ivan Illich, 1926～2002）である。

イリイチはニューヨークの教会でカトリック聖職者を務めていた時に，貧しいプエルト・リコ系移民と接する機会を持った。彼が出会ったプエルト・リカンはみな，ニューヨークにおいても本国での自分たちの生活様式を維持した。周囲のアメリカ人たちは，彼らの「アメリカ化」を促したが，そのことに対してイリイチは疑問を抱いた。その後，プエルト・リコ系カトリック大学の副学長を務めた後，1973年にイリイチはメキシコに国際文化資料センター（CIDOC）を創設した。

イリイチが批判的に捉えた近代学校制度は次のような性格を持つ。すなわち，「通学の必要がある」「資格のない者は教壇に立てない」「学校が教育（学習）内容を決定する」「カリキュラムは段階づけられて，通過すれば証明書が与えられる」「年齢別の集団に子どもたちを編成する」等である。この性格の結果として次のような教育観学習観へと結び付く。つまり，学習したことは学校における教育の結果であり，この前提のもと学校が組織され，そのなかで段階付けられた知識体系，学校階梯を登ることによって能力が証明されて，社会的地位が配分される，と。逆にいえば，学校に通えば教育を受けたことになり，どのような水準の教育を受けたかというよりも，どのような学校を卒業したのかが評価の対象になる。いわゆる「学歴社会」という言葉によって指示される社会がその典型である。

イリイチが考える「学習」は，本来はきわめて主体的で創造的な行為である。実際に学習者は，学校以外にも，偶然的に生き生きとした学びを展開している。それにもかかわらず近代学校教育制度のもとで，学校が教育を独占して，子どもたちをそのなかに囲い込むことで，学習という行為を形骸化し，無力化させてしまった。学校教育が制度化されることで，学校で学んだことのみが意味ある知識とされ，その他の学びは規格外の知識として排除される。イリイチの**脱学校論**は，こうした既存の学校制度に代わる制度改革はもちろんのこと，社会に浸透する「教育＝学校教育」という観念そのものの変革を企図した。

近代学校制度の代案としてイリイチが提示したのは次のような構想であった。すなわち，学習者が制度に依存することなく自分自身で学びを深められるような自立協同的な制度の確立と学びのネットワーク構築である。

（5）マイノリティの教育への包摂

20世紀の教育の特徴として最後に取り上げたいのが，インクルーシブ教育である。「**インクルーシブ**（inclusive）」は「包摂」と訳される。「インクルーシブ教育」は，通常，障がい児・者教育に用いられる概念であるが，20世紀のとりわけ第二次世界大戦後，教育を含め社会的に排除されていたマイノリティと目される人々が社会に包摂されていく時代を特徴付けるものである。

マイノリティ包摂の象徴的な現れとして，1960年代のアメリカにおける公民権法成立による教育を含めた生活上のさまざまな黒人差別の廃止であったり，1979年に国連で採択された「女子差別撤廃条約」により「教育の分野において，女子に対して男子と平等の権利を確保すること」「すべての段階およびあらゆる形態の教育における男女の役割についての定型化された概念の撤廃」が謳われたことが挙げられる。

マイノリティの包摂は，障がい児・者教育の考え方の変革によってももたらされた。従来，障がいは，医療的治療の対象であって，障がい児・者の教育可能性については消極的にしか議論されてこなかった。障がい児・者の教育可能性が議論される場合であっても，「専門家による特殊な教育」として，「普通教育」の枠外に置かれてきた。このような状況を一変させるきっかけとなったのが**ノーマライゼーション**思想の登場である。

ノーマライゼーション思想は，デンマークの社会運動家**バンク＝ミケルセン**（Neils Erik Bank-Mikkelsen，1919～1990）の「障がい者を排除するのではなく，障がいを持っていても健常者と均等に当たり前に生活できるような社会こそが，ノーマルな社会である」という主張をきっかけに世界に広まった。

1980年には世界保健機関（WHO）によって新しい「障がい」の概念，「国際障害分類（ICIDH）」が提示された。これによると，たとえば身体障がいを例にとると，「なんらかの病気，事故などによって発生し（疾病・不調），身体器官のいずれかが正常に機能しなくなり（損傷），考えた通りに自分の身体が動かないことで（能力不全），就学・就労・余暇活動・文化的活動などへの参加が妨げられること（社会的不利）」とされる。このように「能力不全」「社会的不利」までも含めて「障がい」と捉えることにより，障がい児・者を取り巻く環境の諸条件にまで，障がいの意味範囲が広げられた。能力不全は，適切な補助器具で改善され，社会的不利は，障がい児・者当事者の問題というよりも社会の問題である。

ノーマライゼーション思想の影響を受けたこの概念は，障がい児・者を取り巻く環境改善のための整備に向けて大きな役割を果たした。

教育の現場にもこの思想は波及し，「インクルーシブ教育」の名のもと，子ども集団には障がいの有無にかかわらず「多様な子ども」がはじめから当たり前のこととして含まれているとの前提に立ち，「障がいを持つ子ども」と「障がいを持たない子ども」とを分けないで教育することが「常識」となっている。

2007（平成19）年度以降日本においても「特殊教育」から「**特別支援教育**」という考え方に障がい児教育がシフトし，「障がい」を「特別なニーズ」と捉えることで，障がいを持つ子どもの多くが普通教育を行う学校，学級への通級で学ぶようになっている。

学習課題

① 新教育運動による公教育批判の論点について確認しておこう。

② 子どもの生活経験と教科との関係について考えてみよう。

③ 現代社会における「学校化」の影響について考えてみよう。

引用・参考文献

石村華代・軽部勝一郎編著『教育の歴史と思想』ミネルヴァ書房，2013年。

イリッチ，I.『脱学校の社会』東洋・小澤周三訳，東京創元社，1977年。

江藤恭二・木下法也・渡部晶編著『西洋近代教育史』学文社，1979年。

エマソン，R. W.『人間教育論』市村尚久訳，明治図書，1971年。

キルパトリック，W. H.『プロジェクト法』市村尚久訳，明玄書房，1967年。
今野喜清『教育課程論』第一法規，1981年。
デュウイー，J.『民主主義と教育』帆足理一郎訳，玉川大学出版部，1955年。
デューイ，J.『民主主義と教育　上』松野安男訳，岩波書店，1975年a。
デューイ，J.『民主主義と教育　下』松野安男訳，岩波書店，1975年b。
デューイ，J.『学校と社会・子どもとカリキュラム』市村尚久訳，講談社，1998年。
ドモラン，J.E.『新教育――ロッシュの学校』原聡介訳，明治図書，1978年。
花村春樹『「ノーマリゼーションの父」N・E・バンク－ミケルセン――その生涯と思想』ミネルヴァ書房，1998年。
パーカー，F. W.『中心統合法の理論』西村誠訳，明治図書，1976年。
パーカースト，H.『ドルトンプランの教育』赤井米吉訳，明治図書，1974年。
フレネ，C.『フランスの現代学校』石川慶子・若狭蔵之助訳，明治図書，1979年。
山﨑英則・徳本達夫編著『西洋教育史』ミネルヴァ書房，1994年。
山本孝司『超越主義と教育――ブロンソン・オルコット思想研究序説』現代図書，2011年。
ラングラン，P.『生涯教育入門』波多野完治訳，全日本社会教育連合会，1971年。
Bruner, J. S., *The Process of Education,* Harvard University Press, 1960.（＝『教育の過程』鈴木祥蔵・佐藤三郎訳，岩波書店，1963年。）
Parker, F. W., *Talks on Pedagogics-An Outline of the Theory of Concentration,* New York : E. L. Kellog, 1894.

第Ⅱ部

日本の教育の歴史と思想

第7章

多様性のなかの学びと「学校」
——古代・中世・近世の教育——

前近代の教育は，国家による統一的な制度を主体とする近代教育とは大きな違いがある。とくに，教育の組織化が進んだ近世では，目的，規模においても多様な教育が展開された。前近代の教育を単純に近代の前史とみるのではなく，時代の有する固有の教育課題に支えられた教育として捉える視点が必要である。また，一方では前近代の教育の視点から近代教育の特徴と課題を考えることも重要である。本章では，近代以前における「学校」の歩みを検討しよう。

1　古代・中世の社会と教育

（1）古代の社会と学校

一般に古代とは，大和・飛鳥・奈良・平安時代までの時期を指す。この時期において政治的な主体となったのは**貴族**である。大和時代における中国（百済）からの文字（漢字）の伝来は，外来の大陸文化に触れる機会をもたらしたと同時に，高度な文化の習得と伝達を可能とした。文字（漢字）の伝来は，日本人が「学ぶ」という行為を自覚し，教育を組織化していくための重要な歴史的契機となった。

701（大宝元）年の**大宝律令**によって，日本は国家の統一と律令国家としての制度的な整備を進めた。中国の隋・唐をモデルとした律令国家は，法律に基づいた文書行政を基盤としたシステムであり，そこでは文字の読み書き能力を持つ官人（官僚）を必要とした。古代において，官人（官僚）を養成するために設けられた学校が，**大学寮（大学）**と**国学**である。

大学寮（大学）は，中央の貴族などの子弟を対象とした学校である。明経（みょうぎょう）

道（儒学），明法道（法），紀伝道（漢詩文），算道の四道と音道（中国語音），書道の学習が課され，官人（官僚）の登用のための登用試験を受ける必要があった。また，国学は地方に置かれた学校であり，主に郡司の子弟を教育したが，そのほとんどは教官が一人だけの小規模な学校であった。

大学寮（大学）・国学は律令国家を支える人材登用を目的とするものであった。しかし，有力貴族の子弟には父祖の官位によって一定の官位が与えられる「**蔭位の制**」という特権が与えられ，身分の低い者が上位に進むことは困難であった。「蔭位の制」にみられる世襲原理を優先したシステムは，律令制の形骸化の一面を示すものであり，律令制が衰退した10世紀後半には，大学寮（大学）と国学も学校としての機能を徐々に失っていった。一方，平安時代には，大学寮（大学）に付設した教育機関として，有力氏族が一族の子弟を教育するために**別曹**（**大学別曹**）を設けた。主な別曹としては，藤原氏の勧学院，和気氏の弘文院，橘氏の学館院，在原氏の奨学院などがある。

平安時代に入ると，大学寮（大学）・国学といった学校は衰退し，貴族の教養の中心も詩歌管弦の才能を意味する「**三船の才**」へと変化していった。貴族は詩歌管弦のうち，いずれかを選んで教養を積むが，技量の優劣は，その人の価値を決定する重みを持っていた。また，詩歌管弦の素養と同時に，容貌（顔かたち）や身のこなしに優れていることが貴族の理想とされた。

古代の律令制において，仏教は国家仏教的な位置付けを与えられ，天台宗の**最澄**（767～822），真言宗の**空海**（774～835）によって僧侶教育のシステムが整えられていった。818（弘仁９）年最澄が比叡山の僧侶のために著した『**山家学生式**』は，僧侶教育のための修行規定であった。また，空海が828（天長５）年に京都に設立した**綜芸種智院**は，身分の貴賤を問わず，一般民衆に対して門戸を開いた学校であった。空海が，綜芸種智院を設けるにあたって模範としたのが，奈良時代に**石上宅嗣**（729～781）が設立した日本最初の公開図書館といわれる**芸亭**であった。

（２）武士の教育と家訓

中世は，鎌倉・南北朝・室町時代（後半は戦国時代）の約４世紀に及ぶ時期で

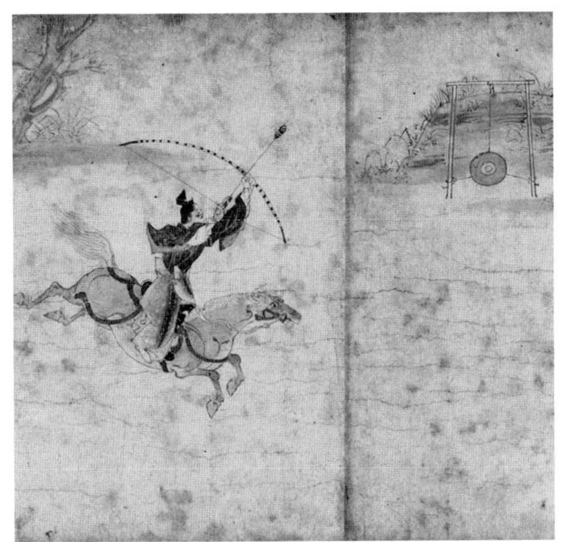

図7-1　笠懸

出所：「男衾三郎絵詞」第2段。東京国立博物館所蔵。

あり，貴族に代わって**武士**が台頭した時代である。詩歌管弦の教養を理想とした古代の貴族的な生き方に対して，武士は生き方の目標を武芸の道や武士道を意味する「**弓馬**(きゅうば)**の道**」に求めた。武士は，弓，鑓(やり)，刀をはじめ，鎧(よろい)，兜(かぶと)を自分で揃え，戦いをするのが職分であった。戦いを職分とする武士にとって，死を恐れないことが武士道の心得であり，主君の目の前で戦死すること，すなわち「御馬先(おうまさき)で討ち死に」することが理想とされた。

武士は，その子弟を教育するための特別な教育機関は設けず，日常生活の鍛錬と生活場面における実践的な鍛錬を重視した。とくに，**流鏑馬**(やぶさめ)，**笠懸**(かさがけ)（図7-1），犬追物(いぬおうもの)などは心技を鍛錬するものとされた。ただし，「弓馬の道」を重んじた武士が，必ずしも貴族的な学問と教養を軽視していたわけではなく，詩歌管弦の素養を身に付けていた武士も少なくなかった。また，戦場において常に死ととなり合わせになる武士は，その精神修養を仏教に求め，仏典を読むために必要な教養を身に付けていた。

武士は，読み書きの基礎や日常生活における作法を身に付けさせるために，子弟を幼少期に寺院に預けることが多かった。これは**寺入り**と称され，寺入りした子どもは寺子と呼ばれた。これが近世の寺子屋（手習塾）の語源とされる。

武士の生き方についての心得は，**家訓**として継承された。家訓とは，父または家長から子または家族，子孫へと伝えられる訓戒である。なかでも，中世以降の武家の家庭教育に大きな役割を果たしたのが**武家家訓**である。一般的に武家家訓は，(1)目下の者に対する指導者（治者）の心得を説いたもの，(2)年上の者に対する心得を説いたもの，(3)自らの分際を知って欲を慎むことを説いたもの，(4)仏神及び僧侶に対して尊敬を払うことを説いたもの，(5)日常作法についての注意を説いたもの，などに分類できる。代表的な武家家訓には，北条早雲（1432～1519）が伝えたとされる「早雲寺殿廿一箇条」，武田信玄（1521～1573）が制定した「信玄家法」などがある。武家家訓は，当時の武士が理想とした人間像でもある。

一方，鎌倉時代には，**親鸞**，**道元**，**日蓮**などによる鎌倉新仏教が創始され，過酷な乱世に生きる庶民の宗教的・内面的な支柱となった。また，室町時代に入ると，歌学，連歌，茶の湯，能などの芸能が専門の職能として発達し，継承者のための芸能論を残す動きもみられた。とくに，**世阿弥**（1363？～1443）が著した『**風姿花伝（花伝書）**』は，発達段階に応じた能楽修行の稽古とその内容を説いた能の理論書であると同時に，優れた教育書であった。

（3）金沢文庫と足利学校

中央集権的な律令制が崩壊し始め，各地に有力武士の権力が分散していた中世では，統一国家としての官人（官僚）養成を目的とした学校の必要性はなくなっていた。しかし，このことは中世における教育の停滞を意味していたわけではなく，各地域においては注目すべき教育の展開がみられる。その代表が**金沢文庫**と**足利学校**である。

金沢文庫は，鎌倉時代中期，**北条実時**（1224～1276）が武蔵野国六浦荘金沢（現在の横浜市金沢区）に開設した施設である。数多くの仏典や書籍を収め，一族や僧侶に公開するという，現在の図書館のような機能を持っていた。

足利学校（図7－2）は，下野国足利（現在の栃木県足利市）に創設された。創

図7－2　足利学校

出所：石川松太郎監修『図録日本教育の源流』第一法規，1984年。

設者や創設時期は不明であるが，関東管領の**上杉憲実**（1410～1466）が保護を始めてから教育組織として整備され拡充した。「坂東の大学」と称された足利学校は，儒学をはじめ，易学，医学，兵学，天文学などの教育内容を教授し，中世における最も高度な水準の教育を担う教育機関であった。

また，戦国時代に入ると，キリスト教が伝来し，イエズス会の理念に基づく**キリシタン学校**が設けられたが，キリスト教への弾圧によって定着しなかった。

2　近世の社会と教育

（1）「文字社会」と教育の拡大

江戸時代は，1603年に徳川家康（1543～1616）が征夷大将軍に任命され，江戸（現在の東京）に幕府を開いてから，明治までの約260年に及ぶ時期である。安土桃山時代と合わせて近世と称されることが多い。近世は，武士の支配する時代であったが，広く庶民層が台頭し，社会全体での教育の組織化が進展したことを特徴としていた。

近世は，文字使用を前提とした「文字社会」であると同時に，「兵農分離」を基本とした社会体制が教育の組織化を促した時期であった。「兵農分離」とは，都市に居住する少数の武士が，農村で生活を営む多数の農民（漁山村で生活する人々も含む）を支配するという体制である。これは，武士と農民がともに農村に居住し，武士による直接的な支配が行われていた中世までの社会体制との大きな相違であった。

「兵農分離」を前提とした近世社会では，行政上において必要な情報は文字によって伝達された。支配者側の命令や指示は，触書（ふれがき）などによって被支配者に伝達されるばかりでなく，被支配者からの申告，陳情なども文字による伝達が求められた。そのため，被支配者である農民などにも一定の識字能力の修得が必要とされた。また，都市での武士の生活は，衣食住に必要な商品を貨幣で購入する貨幣経済を基盤とするものであった。したがって，それらの商品を生産する農村や漁山村の人々が貨幣経済のなかで生きるためには，文字や計算の能力が必要であった。

こうした政治や社会経済の変化は，文字学習に対する意欲を広く庶民層に浸透させるとともに，出版の拡大を促していった。たとえば，古代・中世には，20数種にすぎなかった**往来物**（おうらいもの）の数は，近世においては，7000種以上が現在までに確認されている。往来物は，寺子屋（手習塾）での教科書としても使用されるが，近世社会における出版の拡大は，この時期に相当数の読書人口が存在したことを意味していた。

（2）商人の人間像と教育

近世の幕藩体制は，**朱子学**（儒教思想）を基盤とした士農工商の封建的な身分秩序を確立し，その範囲で社会の安定を図ることを基本とした。そこでは，武士の持っていた武力は徐々に不要なものとされる一方，参勤交代制度による多額の出費は，次第に諸大名を経済的窮乏へと向かわせた。

武士の権力の衰退は，相対的に町人（庶民）の地位を向上させる要因となり，教育の庶民層への拡大をもたらした。近世では，それぞれの階層の教育要求に基づく教育機関が整備された。その教育内容は多様性を持ち，武士気質，商人気質，農民気質といった職能的な特徴が形成された。

武士が儒教的で禁欲的な価値観を保持し，経済的な利益を得ることを道徳的な悪と考える傾向があったのに対して，町人は自己の欲求に基づいて利益を得ることに抵抗はなかった。「侍は利得を捨て名をもとめ，町人は名を捨て利得を取り金銀をためる，是が道と申すもの」（近松門左衛門『山﨑与次兵衛壽の門松』中巻），「公家は敷島の道。武士は弓馬。町人は算用こまかに針口の違わぬやうに手まめに当座帳付すべし」（井原西鶴『日本永代蔵』巻五）という言葉は，身分秩序のなかでの多様な人間像を表現している。

経済的な利益の追求を目的とする町人にとって，算用（算術）の能力を持っていることは大切な資質であった。そのため，町人には武士が重んじた儒学（朱子学）の学問は不要と考えられることが多く，町人が武道・俳諧・茶道（茶の湯）などに興じることは，家の存続を危うくするものとして忌避される傾向があった。

商人の教育としては，**徒弟教育**が基本となった。徒弟教育とは，江戸時代の年季徒弟奉公制度のもとで行われた職業実習教育というべきものである。一般には，数年間の年季（奉公人を雇う約束の年限で，一年を一季とする）を契約して主家（親方）の家に住み込む徒弟（弟子）が，主家の家事労働と仕事を手伝いながら，生活全般を通じて職業技術を習得するというものであった。

商家の徒弟の場合，10歳前後で丁稚となり，奉公人としての基本的な行動様式を身に付ける。15，６歳で半元服し，手代の準備期間として店の仕事に慣れることが求められる。18，９歳で手代へと昇格し，元服（成人に達したことを示すための儀式）して髪形と衣服を整え，主家から給金を貰う。手代の職務は，番頭の指示に従って，仕入れや売りさばきが主なものであった。手代は，30歳前後で主人に代わって店の業務の一切を取り仕切り，その仕事ぶりが評価されれば，暖簾と資本を分与されて同業者仲間に加入し（「暖簾分け」という），主家の許しを得て独立する（別家）。「暖簾分け」の後は，番頭として本家に勤め続ける場合と自営開業する場合とがあった。

商家での徒弟教育は，段階的な方法と原理を持った固有の訓練形式であった。この背景には，自分の子どもを幼いうちから社会に投げ出して一人前の商人に育てること（「他人の飯を食わせる」）の意義を重視する教育観があった。そのため，徒弟を預かる主家の役割は，職業技術を伝達するだけではなく，一人前の人間に育てるという人格的な教育を含んでいた。

（3）農民の人間像と教育

戦国時代の末期，豊臣秀吉（1537～1598）が刀狩（かたながり）によって農民から武器を取り上げるまで，武士と農民の身分上の差異は必ずしも明確ではなかった。「百姓は生かさぬよう殺さぬよう」が封建領主の基本的な態度であり，農民は人格を持った個人としてではなく，経済的な生産の手段として位置付けられる傾向が強かった。江戸中期以降の商品経済の発達は，農村の生活圏を拡大させると同時に，農村と都市との商業経済の促進をもたらしていった。商業経済は，商業取引に必要な知識の修得を農民に求め，文字学習の必要性を促すものであった。

しかし，農村への商品経済の拡大と浸透は，大地主を現出させる一方で，没落した農民（潰れ農民）を多く生み出していった。疲弊した農村を経済的に立て直すために独自の経済的な仕法（方法）と農民倫理を示したのが**二宮金次郎**（尊徳：1787～1856）と大原幽学（おおはらゆうがく）（1797～1858）である。とくに，二宮金次郎は，農村の荒廃の原因を領主の過度な収奪と農民自身の精神的荒廃に求め，経済と道徳の融合を図り，私利私欲ではなく社会に貢献することの大切さを説いた。

二宮金次郎は，農民に復興のための資金を貸し付けて経済的な立て直しを援助するとともに，「至誠」「勤労」「分度（ぶんど）」「推譲（すいじょう）」の理念を掲げて，質素な生活と勤倹力行ができる農民の育成を求めた。「分度」とは，誠実（至誠）に勤労した結果として，使わざるを得ないもののみを使うということであり，「推譲」とは，「分度」して残った剰余をほかに譲るという意味であった。経済と道徳の融合によって富国安民を図ろうとする教えは，のちに報徳思想と称された。

（4）石門心学と『和俗童子訓』

石門心学（せきもんしんがく）は，**石田梅岩（いしだばいがん）**（1685～1744）が，主として町人の生き方を説いた社会教化運動である。その理念は，神道・儒教・仏教の三教を一体としたものであり，町人にも理解できる平易な道徳として体系化された。忠，孝，正直，倹約の価値，知足安分（ちそくあんぶん）（高望みをせず，自分の境遇に満足すること）を重視した実践的な道徳理論は，商品経済の発展と拡大のなかで，町人の果たすべき役割を明らかにするものであった。

石門心学では，難解な知識を平易でわかりやすくした道話や絵草子，錦絵などを使用して町人に伝えるという方法が用いられた。石門心学が江戸時代に町人の間に広く浸透した背景には，わかりやすい教育方法とともに，石田梅岩の教えに深く共鳴した後継者による献身的な普及と実践の姿勢が基盤となった。とくに，石田梅岩の没後，手島堵庵（1718～1786）と中沢道二（1725～1803）は石門心学の普及・拡大に大きな役割を果たした。

近世は教育（学習）書が多く出版され，町人の教育に大きな役割を果たした時期であった。なかでも，**貝原益軒**（1630～1714）が81歳の時に執筆した『**和俗童子訓**』（1710）は，代表的な教育書である。近世社会は，医学や衛生学の発達が遅れ，子どもの死亡率は高かった。「７歳までは神のうち」という当時の言葉は，こうした社会状況を反映しており，子どもが成長して自立できるかどうかは神（仏）の意思によると理解されていた。そのため，７歳まではなるべく子どもに干渉すべきではないという教育観が根強く浸透していた。

しかし，『和俗童子訓』のなかで益軒は，「人の少しなるわざも，皆師なく，教えなくしてはみづからはなしがたし」と述べ，人間が成長するためには「教え（教育）」が必要であると力説した。「教えの道を知らずして，其の悪しきことをゆるし，したがひほめて，其の子の本性をそこなふ」ことを戒めている。

一般にこれは，「予めする」教育といわれた。「予めする」とは，子どもが生まれて悪に移る前に，教育すべき内容を教えるということである。「悪しきことに染みならひて後は，教へても善に移らず」という益軒は，子どもが食べられるようになり，あるいは簡単な言葉が話せる３歳頃から教育を始めることをすすめた。

貝原益軒の説いた子どもの発達段階を重視した体系的な教育法は，「**隋年教法**」と称せられた。益軒によれば，３歳から６歳までは生活の基本的な「しつけ」を教え，６歳で数の概念やひらがな等の言葉遣いを教える。８歳では，礼儀などの日常生活での立ち居振る舞い，四書（『論語』『孟子』『中庸』『大学』）などから短文を教え，10歳で師に就いて学ばせ，15歳で成人としての教育を始めることが適切であると説いた。

また益軒は，学問は「疑ひを解き迷いを開く」ためにあり，誰もが常識と思っていることを疑うところから始まるとし，「大いに疑えば大いに進むべく，少しく疑えば少しく進むべし，疑はざれば進まず」（『大疑録』上）と述べている。学問とは文字通り問いを学ぶことであり，問いがなければ学問は進展しないと益軒は指摘した。ちなみに，『和俗童子訓』は，フランスの教育思想家のルソーが執筆し，「子ども発見の書」と評価された『エミール』（1762）よりも半世紀も前に刊行されたものであった。

（5）近世の女性観と教育

近世の封建社会における身分的な縦の関係構造は，家族成員の間にも支配―服従の関係を形成した。家の後継者を育てることが優先されるなかで，女性は男性と差別され，幼にしては親に従い，嫁いでは夫に従い，老いては子に従うという，いわゆる「三従（さんじゅう）」が強いられた。

女性は嫁いだ家の家風に従うことが重視され，高い文化的な教養を修得することは不必要なものとされた。女性に求められたのは，日常生活に必要な裁縫などの技術の習得であり，裁縫の師匠に弟子入りする御針屋（おはりや）などの教育機関もあった。12，3歳頃には寺子屋（手習塾）での手習いをやめて御針子（おはりこ）になるのが一般的であった。また，比較的裕福な町人のなかには，子女に踊り，三弦，三味線，和琴などを習わせる**遊芸稽古所（ゆうげいけいこじょ）**に通わせたり，武家や大商家に預ける**行儀見習（ぎょうぎみなら）い**などの慣行もあった。

『和俗童子訓』は，女子教育についても言及している。貝原益軒は，女子教育が軽視された時代にあって，家事を行うためにも教育が必要であると述べ，女性の心のありようとしての「女徳（じょとく）」を重視した。益軒は，女子の育て方の基本は心だての良い「婦徳（ふとく）」，言葉遣いの穏やかな「婦言（ふげん）」，素晴らしい立ち居振る舞いの「婦容（ふよう）」，家事一般を行う「婦功（ふこう）」の「四徳（しとく）」であるとした。益軒が説いた教育方法を基盤として，後に何十種類もの『**女大学**』や『**女実語教（おんなじつごきょう）**』などの書物が刊行され，それらは近世の女子教育の原型となった。

3　近世社会の教育機関と教育

（1）昌平坂学問所（昌平黌）・藩校・郷校

近世は組織的な教育が多様に展開した時期であった。しかしそれは，古代の大学寮（大学）や国学，また近代教育以降の統一的な制度に基づいて行われたものではない。それぞれの学校の規模と内容に画一的な基準はなく，学校へ通う人々の教育要求にも差異があった。こうした多様性が近世教育の大きな特徴であった。

徳川幕府では，身分としての農工商の上に位置する武士に対しては，争いのない平和な時代での文武兼備が理想とされた。ただし，その実現のために幕府や藩が政策として教育に関与したのは，近世後期の八代将軍徳川吉宗（1684～1751）以降の時期である。とくに寛政期（1789～1804年）は，学問と教育が政策の中心に据えられた。老中**松平定信**（1759～1829）が1790（寛政２）年に布達した「**寛政異学の禁**」は，朱子学を「正学」と定め，朱子学に精通した人材を取り立てるというものであり，幕府による学問・思想統制や人材登用の方針を示した。

寛政期に幕府の直轄学校となったのが**昌平坂学問所**（**昌平黌**）である。昌平坂学問所は，もとは**林羅山**（1583～1657）が三代将軍徳川家光の援助で設けた家塾であったが，五代将軍徳川綱吉（1646～1709）の時に湯島（現在の東京都文京区）に移築された（湯島聖堂）。1797（寛政９）年，松平定信の時に昌平坂学問所となって以後，武士教育の最高学府として位置付けられた。昌平坂学問所は当初，幕臣子弟のみを入学対象としていたが，1801年からは幕臣以外の武士の入学を認めた。

幕府における昌平坂学問所の整備と充実は，各藩における**藩校**の増加を促していった。各藩が，昌平坂学問所で学んだ人材を儒官として迎え入れたため，幕末には全国で約300あった藩校のうち，約70％が寛政期以降に設立される結果となった。とくに，天保年間（1830～1844年）以後，西洋列強の軍事的圧力による危機意識の高まりのなかで，諸藩は内外の政治情勢に対応するために藩校を新設し，藩政改革を目指した人材の育成に取り組んでいった。水戸の**弘道館**，米沢の**興譲館**，萩の**明倫館**，会津の**日新館**などが代表的である。天保年間以降は，藩校での義務就学が制度化され，幕末・維新の時期には，藩校を持たない藩はほとんどなく，藩士は藩校で学ぶことが一般化した。

藩校の目的は，優秀な藩士を養成することであったが，岡山藩のように庶民の通学を許した藩もあった。藩主の池田光政（1609～1682）によって，1675（延宝３）年に設立された**閑谷学校**（**閑谷黌**）は，武士・庶民を問わず入学を認め，民衆の教化に積極的な役割を果たした**郷校**（**郷学**）である。郷校には，幕府や藩が直接に設置したもの，庶民の有志が幕府・藩の許可を得て設立したものがあり，幕末・維新の頃には200校近くが存在した。

（２）私塾（学問塾）

私塾（学問塾）とは，幕府や藩によって設立された学校ではなく，個人（塾主）によって設立・運営された教育機関であり，現在の中等・高等教育に相当する教育機関である。私塾（学問塾）の開設にあたっては，一定の規則があったわけではなく，読み書きの基礎的な能力を修得した人々が，塾主の学問や人格を慕って自主的に集まって形成された，いわば学問共同体というべき学校であった。

塾主の学問に応じて，漢学（儒学），国学，洋学などの種類があるが，現在では全国で1500以上もの私塾（学問塾）があったことが確認できる。開設は近世全体を通じてみられるが，藩校と同じく，寛政年間以降に急激に増加した。

主な漢学塾としては，**中江藤樹**（1608～1648）の**藤樹書院**，**伊藤仁斎**（1627～1705）の**古義堂**（**堀川塾**），**荻生徂徠**（1666～1728）の**蘐園塾**，**細井平洲**（1728～1801）の**嚶鳴館**，**広瀬淡窓**（1782～1856）の**咸宜園**，**吉田松陰**（1830～1859）の**松下村塾**などがある。なかでも咸宜園は近世最大規模の私塾（学問塾）であり，常時，200名前後の門下生が在籍した。年齢・学歴・身分を問わない（三奪法といわれる）徹底的な実力主義を基本とし，学問の進度に応じた等級別の編成や月ごとの成績に基づいて進級させる「月旦評」制度を取り入れるなど，組織的な教育活動を展開した。

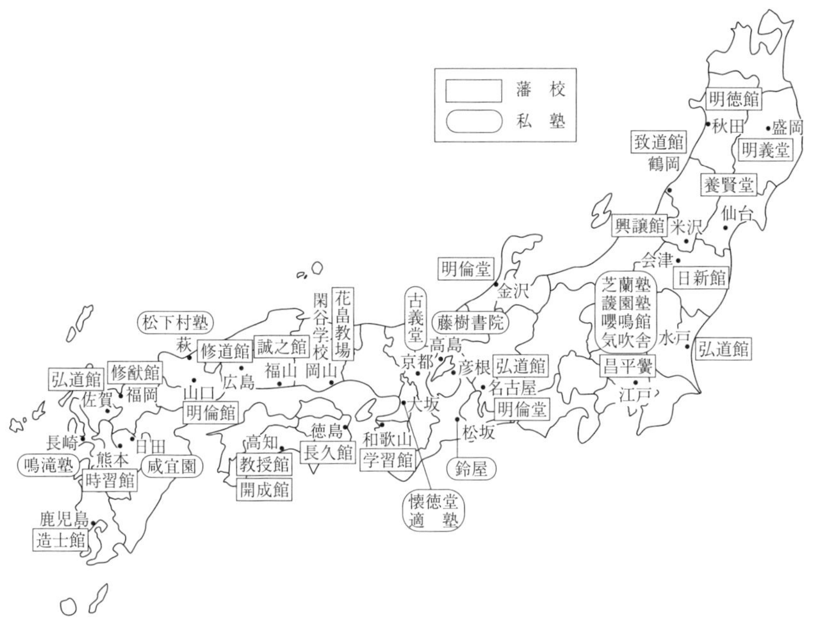

図 7－3　藩校・学問塾配置図

出所：柴田義松・斉藤利彦編著『近現代教育史』学文社，2000年をもとに作成。

国学塾としては，**本居宣長**（1730～1801）の**鈴屋**，**平田篤胤**（1776～1843）の**気吹舎**があり，洋学塾としては，**シーボルト**（1796～1866）の**鳴滝塾**，**大槻玄沢**（1757～1827）の**芝蘭堂**などがある。**緒方洪庵**（1810～1863）が大阪に開いた**適塾**（**適々塾**）は，大村益次郎（1824～1869），橋本左内（1834～1859），**福沢諭吉**（1835～1901）など，幕末から明治にかけて活躍した多くの人材を輩出した。

藩校では藩士に就学の義務があったが，私塾（学問塾）は学ぶ者の自由意志に基づいて学ぶことが基本であった。一定の修学年限が決められていたわけではなく，多様なカリキュラムと密接な人間関係のなかでの学びが展開された。たとえば吉田松陰が開いた松下村塾は，一応は漢学塾に類別されるが，学ぶべき領域は漢学（儒学）に限定されていたわけではなく，門人それぞれの教育欲求に応じた自由な教育活動が行われた。以下は，適塾で学んだ福沢諭吉による記述である。

> 学問勉強ということになっては，当時世の中に緒方塾生の右に出る者はなかろうと思われる。……日が暮れたからといって寝ようとも思わずしきりに書を読んでいる。読書にくたびれて眠くなってくれば，机の上に突っ臥（ぶ）して眠るか，あるいは床の間の床側（とこぶち）を枕にして眠るか，ついぞほんとうに蒲団を敷いて夜具を掛けて枕をして寝るなどということはただの一度もしたことがない。……これは私ひとりがべつだんに勉強生でもなんでもない，同窓生はたいていはみなそんなもので，およそ勉強ということについてはじつにこの上にしようはないというほどに勉強していました。
>
> （福沢諭吉『新版　福翁自伝』角川学芸出版，2008年）

（3）寺子屋（手習塾）

近世における民衆の初等教育を担ったのが**寺子屋（手習塾）**である。寺子屋も天保期以降に急増したが，それを促したのは近世の「文字社会」の成立と普及であった。また，老中の水野忠邦（みずのただくに）（1794～1851）によって進められた「天保の改革」において，積極的な民衆教化の政策が採られたことも大きな要因であった。

明治中頃の調査では，約１万5000程度とされていた寺子屋（手習塾）の数は，実際には５万を超えていたといわれる。19世紀半ばには，江戸・京都・大阪などの大都市ばかりでなく，地方にも寺子屋（手習塾）が普及し，幕末・維新期には農村部などを含めた広範囲で就学の機会を得ることが可能となった。幕末・維新期に何らかの形で就学の機会を得た人々の割合は，男子で約43%，女子で約10%という統計もある。

寺子屋（手習塾）の師匠となった者は，当初は僧侶が多かったが，次第に武士，神官，医者をはじめ庶民出身の師匠や女性の師匠も増えていった。20～40人の規模の寺子屋（手習塾）が多く，就学に際してとくに年齢や時期の決まりはなかったが，５，６歳で寺入りして３年から７年通い，およそ11歳前後で卒業するのが一般的であった。

入門に際しては，扇（おうぎ）一対と「束脩（そくしゅう）」と呼ばれる入門料を持参して，師匠へ入門の挨拶をした。「束脩」の額は一定ではなく，その家の身分や経済力に応

図7－4　寺子屋（手習塾）の授業風景

出所：巌如春「寺小屋」（「儀式風俗図絵」）。金沢大学附属図書館所蔵。

じて決められたが，必ずしも金銭である必要はなかった。手習いの教材は，往来物と呼ばれ，もとは手紙の文例を集めた書物であった。代表的な往来物に『庭訓往来（ていきんおうらい）』がある。寺子屋（手習塾）の増加によって，地理，歴史，実業，教訓など多様な教材も使用されたが，それらも往来物と呼ばれた。

寺子屋（手習塾）の学習は，個別学習であり自学自習が基本であった。子どもたちは，自らの学習進度に応じて読み書きを練習した。師匠の役割は，習字の手本を書いたり，字を直したり，読み方を教えるというものであった。子どもの使う机は天神机（てんじんづくえ）と呼ばれ，持ち運びが自由であった。そのため，子どもたちは各自が好きな場所で，自分の進度に合わせて学ぶことが基本であり，師匠と子どもは個別に向き合いながら学びを進めた（図7－4）。

寺子屋（手習塾）の学びの特徴は，師匠と子どもたちとの間に強い信頼と結び付きがあったことである。師弟の関係は，寺子屋（手習塾）での学びを終えてからも継続することが多かった。現在も全国に残る筆塚（ふでづか）（筆子塚，師匠塚とも称される）は，かつての教え子たちが建立した師匠の墓碑・顕彰碑である。

学習課題

① この章で取り上げた私塾から一つを選び，創設者の教育理念と教育の特徴について調べてみよう。

② 寺子屋（手習塾）と現代の学校を比較して，その類似点と相違点について考えてみよう。

③ 前近代の教育から今日の教育を考えた時に，何を継承し，あるいは何を継承すべきではなかったかについて話し合ってみよう。

引用・参考文献

石川松太郎『藩校と寺子屋』ニュートンプレス，1978年。

沖田行司『日本国民をつくった教育――寺子屋から GHQ の占領教育政策まで』ミネルヴァ書房，2017年。

沖田行司編『人物で見る日本の教育［第２版］』ミネルヴァ書房，2012年。

唐澤富太郎『日本教育史』誠文堂新光社，1953年。

齋藤太郎・山内芳文『教育史』樹村房，2004年。

辻本雅史『「学び」の復権――模倣と習熟』角川書店，1999年。

ドーア，R.P.『江戸時代の教育』松居弘道訳，岩波書店，1970年。

山田恵吾編『日本の教育文化史を学ぶ――時代・生活・学校』ミネルヴァ書房，2014年。

山田恵吾・貝塚茂樹編『教育史からみる学校・教師・人間像』梓出版社，2005年。

山本正身『日本教育史――教育の「今」を歴史から考える』慶應義塾大学出版会，2014年。

第8章

国民教育の始動
――明治期の教育――

国民（nation）は，人々が同じ国民としての意識を共有してはじめて形成される。近代的な国民形成のシステムの一つに国民教育がある。明治期（1868～1912年）の教育史は，国民教育の原型がつくられ，実際に始動するようになった歴史である。本章では，明治期における国民教育の始動について，江戸期の教育とのつながりや，国民教育制度の形成過程，日本社会に与えた国民教育の影響に注目して研究する。以上の課題を意識して，明治期の教育史を学んでいこう。

1　明治教育の出発点

（1）江戸から明治へ

江戸期には，**藩校**・**郷校**（郷学）・**寺子屋**（手習塾）・**私塾**（学問塾）などの教育施設が全国各地に設立されたことは，第7章で学んだ通りである。これらの伝統的な教育施設は，1868（明治元）年の時点で一掃されたわけではなく，明治に入ってなお教育活動を続け，それぞれ改革を行った。たとえば，金沢藩の藩校明倫堂や，備中国の一橋家領にあった郷校の郡中教諭所（後に興譲館），旧幕府の昌平学校・医学校・開成学校（後に大学，**東京大学**）などがある。ほかに，伝統的な施設の改良にとどまらない新しい動きもみられた。たとえば，1869（明治2）年に寺子屋師匠の提言で設けられた京都の**番組小学校**や，1868年以降に藩校誠之館の改革を進めた福山藩が，1870（明治3）年に地元医師の提言を受けて開設した**啓蒙所**などの例があった（京都市学校歴史博物館，2016；有元ほか，1981）。京都の番組小学校は番組内の竈（かまど）金，福山の啓蒙所は地域の有力者が中心になってつくった啓蒙社の出資米を資金源として運営された。

図 8－1　明治 5 年頃の文部省

出所：文部省『学制七十年史』帝国地方行政学会，1942年。

一方，政府も明治元年から教育改革を模索していた。国家規模の教育改革が本格化したのは，1871（明治 4）年に**文部省**（現在の文部科学省）（図 8－1）が創設されて以降である。初代文部卿の**大木喬任**（たかとう）（1832〜1899）は，国の教育改革を進めて，治安安定のために貧民の就業を支援するとともに，文明開化・国家富強のために人々の生活改良や人材養成を進めようと考えていた（湯川，2017）。1872（明治 5）年，政府は全国に学校設置を求める「**学制**」を公布した。学制の趣旨を説明する**学制序文**（被仰出書（おおせいだされしょ））は，「学問は身を立（たつ）るの財本（もとで）」として，「邑（むら）に不学の戸なく家に不学の人なからしめんことを期す」と述べた。しかし，「学制」は欧米の制度を基にまとめられたので，日本の実情に合わず，まずは小学校の普及を最優先に実施された。地域の教育行政当局者も，さまざまな論理で**就学告諭**を発して，まずは子どもや未就学者が学校に身を置くことを最優先にして小学校の普及に努めた（野坂，2008：161）。1875（明治 8）年までに，小学校は全国に約 2 万4500校設立され，児童数約195万人，就学率約35％（男子約50％，女子約19％）に達した。小学校の実態は，地域の廃寺を校舎としたり，寺子屋などの伝統的施設や番組小学校・啓蒙所などの新しい試みの看板をかけ替えたり，松本の**開智学校**などのように擬洋風の新築校舎を備えて設立されたりとさまざまであった。また，教員については，1872年，政府が**師範学校**を設けて養成を始めたが，２万校以上の急な需要に追いつくはずもなかった。当時の小学校教員の多くは，寺子屋師匠などに短期間の講習を行って資格を与えるにとどまり，速成的に養成された者たちであった。

以上のように，1872年の「学制」は，ゼロから実施されたわけではなく，地域の多様な試みを下敷きにして実施された。その結果，それぞれ異質な来歴・実態を持つ教育施設が，同じように「学校」と名付けられて全国で教育活動を始めるという複雑な状況が生まれた。

（２）「教育」とは何かをめぐって

明治初期の日本は，欧米列強の圧力にさらされて独立の危機にあった。この危機に際して国民の重要性に気付いた人物の一人に，**福沢諭吉**（1835～1901）がいる。福沢は，自国独立を目的とし，文明をその方法として，文明の核心を人の智徳の進歩に見出した。また，「一身独立して一国独立する」と説き，その国のすべての人民が貴賤・貧富・上下の別なく学問（人間普通日用に近い実学）をして，それぞれ家業を営んで独立し，才徳を備えて自由になり，その国を自分のこととして引き受けるようになることを求めた。このような福沢の問題意識を著した『学問のすゝめ』（1872～1876）などは，ベストセラーとなって全国に広がった。

政府内には，中学校以上において専門的知識を段階的に学ぶことを重視する「人材養成」に重点を置く人々が少なくなかった。しかし，文部大輔の**田中不二麿**（1845～1909）を中心とした文部省は，小学校段階において貴賤・貧富・宗派・男女の別を越えて人民に共通の教育を提供する「普通教育」に重点を置いた（湯川，2017）。1879（明治12）年，政府は普通教育のための小学校を全国に整備するために，学制を廃止し，「**教育令**」（**第１次教育令**）を公布した。「教育令」は，小学校を「普通ノ教育ヲ児童ニ授クル所」とし，中学校を「高等ナル普通学科ヲ授クル所」と定義した。この「普通」という概念や学校のあり方をめぐって，府県会などを舞台に，地域でも議論が巻き起こった。これまで人材養成を続けてきた私立学校や伝統的な教育施設，そして1874（明治７）年以降組織的な学習を自分たちで進めてきた自由民権運動の実績に基づいてそれぞれ学校論が主張され，普通教育を推進しようとした文部省や府県当局の思惑と衝突したのである（白石，2017)。

以上のように，国民教育は，不安定な国際情勢における日本の独立のために，すべての人民に共通に普通教育を施すことを目指して整備され始めた。しかし，この試みは，これまでの教育実績に基づく人材養成の要求や，自由民権運動の学習活動などを根拠とした異なる方法論を持つ異質の教育観・学校論と衝突した。明治期における国民教育の始動は容易ではなかったのである。

2　国民教育制度の形成

（1）共通年限の義務教育を目指して

「教育令」は1880（明治13）年（**第２次教育令**）と1885（明治18）年（**第３次教育令**）に大きな改正を行ったが，普通教育を目指す小・中学校の規定は変更されなかった。しかし，人々の学習動機や生活情況はきわめて多様であり，共通の年限で普通教育を施すことすら容易でなかった。たとえば，1886（明治19）年に「**小学校令**」（**第１次小学校令**）が公布され，小学校は高等科（４年）・尋常科（４年）の二つに分けられたが，土地の情況によって尋常科に代えて**小学簡易科**（３年以内）を置くことを可能にした。課程の多様化は止まらず，1890（明治23）年に「小学校令」は全面的に改正され（**第２次小学校令**），正式な課程として２種の**尋常小学校**（３年，４年）と３種の**高等小学校**（２年，３年，４年），そして尋常科・高等科を併置した**尋常高等小学校**が置かれた。このうちの小学簡易科や３年制尋常小学校は，貧民や女子，被差別部落民などを対象として運用されたところがあった（国立教育研究所，1974：121)。多様化する小学校課程の改革が収束に向かったのは，1900（明治33）年のことであった。同年，「小学校令」が全面改正され（**第３次小学校令**），尋常小学校の年限を４年に限定した。1907（明治40）年には，「小学校令」の一部改正によって尋常小学校の年限を６年にまで延長し，現在と同じ年限の小学校が成立した。

こうしてできた共通年限の普通教育は，どれだけの児童が受けられたのか。すでに学制序文は，小学に就学させないことを「父兄の越度（おちど）」と規定した。「小学校令」（第1次）では，父母後見人等に「其学齢児童ヲシテ普通教育ヲ得セシムルノ義務」があると定めた。このように，児童に普通教育を受けさせる保護者の義務は「学制」以来規定されたが，同時に，就学猶予や就学免除が規定されたことに注意したい。たとえば，「小学校令」（第3次）では，「瘋癲白痴，又ハ不具癈疾」の場合に就学義務の免除を，「病弱又ハ発育不完全」の場合には就学の猶予を，「保護者貧窮」の場合にはこれらに準じることを定めた。明治期には，心身の障がいや病気，そして貧困までもが，義務教育の対象から外れる理由になっていた。障がいに応じて，**盲唖学校**や**聾学校**，特殊学級，各種施設が設けられたが，わずかな公立校や私立施設に限られ，就学義務もなかった。また，日本の植民地となった台湾・朝鮮などには異なる学校制度が設けられたが，就学義務を定めなかった（駒込，1996）。それから，「市制」「町村制」未施行の地域（沖縄県・北海道および一部の島嶼部）では「小学校令」を適用できず，また施行されていても，僻地などの理由によって行政当局の小学校設置義務を免除することが可能であった（たとえば「（第2次）小学校令」第27・28・31条）（坂本，2019）。明治期の国民教育は，障がい・病気・貧困，そして植民地や僻地を枠外に置いて整備された。

以上のように，明治期に国民教育制度がつくられ始めた。しかし，その道筋は，人々の多様な生活実態や格差，差別，制度の限界などによって複雑化し，重い課題を残した。とくに，明治期には就学義務や条件整備を徹底できず，すべての子どもに国民教育を施すという理想は結局実現できなかった。

（2）普通教育の模索

明治期の普通教育は何を教えたか。「教育令」は，小学校の普通教育について，読書・習字・算術・地理・歴史・修身などの初歩をはじめ，土地の情況にしたがって罫画・唱歌・体操などや，物理・生理・博物などの大意を加え，とくに女子には裁縫などを設けると定めた。「（第2次）教育令」の制定過程では，読書・習字・算術・地理・歴史・修身のうち一つでも欠ければ普通教育ではないと説明された（教育史編纂会，1938）。これらの教科には，国民教育としてどんな意味があるか。たとえば，読書科は1881（明治14）年に科目を読方・作文に分け，1900（明治33）年に習字科と合わせて「**国語科**」の一部になった。国語科の誕生には**上田万年**（かずとし）（1867～1937）が大きな役割を果たした。明治期には，特権階級の言葉としての漢語（中国語の翻訳語）を基にして読み書きが行われ，方言によって会話が行われていた。これに対して上田は，国語をたんなるコミュニケーション・ツールとしてではなく国民共通のイデオロギーとして考え，話すように書く言文一致と，方言を超絶する標準語による「国語」をつくろうとした（平田，2019）。明治の人々が同じ国民として意識を共有するには，言文一致・標準語でなる国語の確立とその教育が必要だった。

小学校の教科書は，「教育令」の頃まで各府県や学校の自由であった。政府は次第に教科書に統制をかけるようになり，1881年には開申制，1883（明治16）年に認可制，1886（明治19）年に**検定制**，1903（明治36）年には**国定制**をとった。小学校の**国定教科書**は，修身・日本歴史・地理・国語（書き方手本も含む）・算術・図画の教科書であり，1910（明治43）年から理科の教科書も国定になった。なお，国定教科書は教育内容の統制だけを理由として誕生したのではなかった（梶山，1988）。明治の検定制は，府県内の統一採択や採択後４年間不変更という原則をとった。そのため，粗悪な教科書の流通や，審査委員と教科書会社との贈収賄（**教科書疑獄事件**）を招いたのである。国定教科書は，営利的教科書の弊害を除去するには国が責任を持つしかないという論理から必要とされた。また，当時の国定教科書は，教材選択の最新原理に基づいて編集したものであった。たとえば，1904（明治37）年から使用された**修身科**の第１期国定教科書についてみてみよう。修身科については，検定制において長く**徳目主義**をとったが，明治30年代に入ると**人物主義**の教科書が増えた。第１期国定教科書は，内容項目で徳目主義をとりながらも，文章では人物主義をとるという折衷的な方針で編集された。

次に，普通教育の方法についてもみておこう。1872（明治５）年創設の師範学校で指導されたのは，**一斉教授**・実物教授・問答によるアメリカモデルの教授法であった。1879（明治12）年以降には，アメリカの最新情報を得て**開発教**

授法（ペスタロッチ主義教授法）が導入された。1890年代に入ると，ドイツ由来の**ヘルバルト主義教授法**が流行し，授業過程を予備・提示・比較・概括・応用などの段階に分けて構成する**段階教授法**などが普及した。かつての伝統的施設は主に個別指導であったが，明治に普及したこれらの教授法は基本的に一斉教授であった。加えて，1891（明治24）年に**学級制**が成立し，一定の児童が一斉に同じ教育を受ける集団教育が始まった。「学制」「教育令」に基づく学校には今でいうような学級はなく，あったのは，学ぶべき課程と教科書などによって区分された等級であった。明治初期の子どもたちは，試験に合格すれば昇級し，不合格なら原級のままか，場合によっては退学処分になった。知識伝達の効率化には等級制の方が便利だが，明治日本はそれよりも，子どもたちを学級で一斉に教育して一体感を育て，道徳性や国民意識の基礎を育てる訓育的側面に重点を置くことにしたのである（柳，2005）。

以上のように，明治期を通して国民教育制度は徐々に形成された。国民教育は，読書算や日本の地理・歴史・道徳を中心に，芸術や身体，科学，生活技術について教育する普通教育を通して行われるようになった。そして，最新の原理・外国情報などに基づいて，教科書の国家統制を強め，一斉教授の方法を研究し，学級制を採用して，内容・方法面でも整備されていった。

（3）普通教育と人材養成

普通教育は，人材養成（職業教育・専門教育など）とどのように接続されたか。1885（明治18）年，「教育令」改正の際に，小学校の普通教育は「農商工其他人生ノ職業ニ必須ナル知識技能ノ端緒」を授けることが明示された（教育史編纂会，1938）。1886（明治19）年には，高等小学校に土地の情況によって英語・農業・手工・商業が置かれた。このうち，**手工科**は1890（明治23）年に尋常小学校にも置かれた。小学校手工科は，1881（明治14）年に加設された「工業ノ初歩」を前身として，当初は学童貯金や授産場的徒弟養成を意図した功利的・職業教育的な教科であった。しかし，将来の就業や生活に必要な基礎的技能・習慣を身に付けながら直接的な職業教育と一線を画す，普通教育の教科として理論化・実践化された（平舘，2016）。1900年代に功利的な手工科が衰退すると，眼と手を練磨して日用的な知識や工夫・想像の能力，審美感などを身に付ける，普通教育としての手工科が定着したようである。

中等教育以上の学校段階では，普通教育と人材養成の接続はより緊密に模索された。中学校は，「教育令」では「高等ナル普通学科ヲ授クル所」とされたが，1886年公布の「**中学校令**」では，「実業ニ就カント欲シ，又ハ高等ノ学校ニ入ラント欲スルモノニ須要ナル教育ヲ為ス所」とされた。そして，尋常中学校と高等中学校の２種類に分けられた。当時の文部大臣であった**森有礼**（ありのり）（1847～1889）は，尋常中学校の普通教育を職業準備に生かすつもりであったが，実際には高等中学校進学のための準備教育が行われた（米田，1992：24）。1894（明治27）年にも，政府は尋常中学校に就業準備のための実科を導入したが普及しなかった。1899（明治32）年，「中学校令」改正によって，尋常中学校がたんに中学校となり，その目的を「男子ニ須要ナル高等普通教育ヲ為ス」こととした。女子については，1891（明治24）年の「中学校令」改正によって高等女学校が設けられ，「女子ニ須要ナル高等普通教育」を施し，かつ「女子ニ須要ナル技芸専修科」を設けられるようにした。高等女学校は，1899年公布の「高等女学校令」で目的を高等普通教育に限ったが，技芸専修科を依然として置くことはできた（技芸専修科は1910年に実科に変更された）。

職業準備教育は，結局，中学校の外で発展した。産業教育，とくに農工商教育は古来行われてきたが，1894（明治27）年以降，本格的に法整備が進められた。当時の文部大臣だった**井上毅**（こわし）（1844～1895）が，高等小学校卒業後の進路に対応して学校制度を整備した結果である。1899年には「**実業学校令**」が公布され，工業・農業・商業・商船・実業補習学校が実業学校として整理された（蚕業・山林・獣医・水産学校は農業学校，徒弟学校は工業学校にまとめられた）。また，そのほかに，師範学校において教員養成が行われた。1886年には「**師範学校令**」が公布され，公立師範学校を尋常師範学校に，官立師範学校を高等師範学校に整理した。尋常師範学校は，1897（明治30）年公布の「**師範教育令**」で，師範学校となった。師範学校は，主に高等小学校卒業生や准資格の教員を入学させて正資格の小学校教員を養成したが，1907（明治40）年公布の「師範学校規程」によって中学校・高等女学校卒業生を入学させる本科第二部が置かれた。

高等師範学校は，主に師範学校卒業生を入学させ，正資格の中等教員を養成した。さらに，軍学校も次々に設置され，多くの生徒を集めた。軍学校には，**陸軍士官学校・幼年学校**や**海軍兵学校**のほかに，各種兵科や特別な技術を教育する戸山学校や海軍機関学校などがあった。

高等中学校については，1894年に「**高等学校令**」によって「専門学科ヲ教授スル所」と規定された高等学校になった。高等学校には，専門教育を行う学部と，帝国大学入学者のための大学予科とが設けられたが，1906（明治39）年までに学部が高等な実業学校や専門学校として独立し，大学予科だけになった。大学は，旧幕府の学校や各省庁設立の専門学校などを起源として，1886年の「**帝国大学令**」によって「国家ノ須要ニ応ズル学術技芸ヲ教授シ，及其蘊奥(うんのう)ヲ攷究(こうきゅう)スル」ことを目的とする帝国大学として整理された。帝大のほかに法律や医学など，さまざまな専門教育を行っていた官公私立の学校は，1903（明治36）年に「**専門学校令**」が公布されると，「高等ノ学術技芸」を教授する専門学校として整理されたものもあった。

こうして，明治期を通して，小学校の普通教育を基盤とし，より高度な普通教育や進学準備教育，職業準備教育を行い，もっと進学を望む者は大学教育や専門教育を受けられる学校体系が整備された。進学準備と職業準備を総合的に行う中等教育が模索されたことはあったが，結局は進路ごとの学校が整備されて複線型の学校体系ができあがった。明治期の国民教育は，人材養成の論理によって小学校卒業後の進路ごとに区切られた形でつくられたのである。

3　国民教育の影響

（1）就学慣行の定着と臣民教育

明治の人々の間には，教育は６，７歳頃から始めて13，４歳頃に終わるものという考え方があった。1872（明治５）年の「学制」もほぼ同様の考え方であったが，1875（明治８）年，文部省は満６歳から満14歳までを小学校に通う学齢と定め，初めて明確に学校に通うべき年齢を法制化した。満６歳という学齢始期年齢は，おおよそ通学・一斉教授に耐えられるかどうかで決まり，1900

年代半ば以降に定着した（柏木，2012）。ただし，明治の人々の多くは，正月に年を取る数え年や曖昧な就学年齢の感覚を持って生活していたので，定着は容易ではなかった。1873（明治６）年に28.1％であった男女平均の小学校就学率は，1902（明治35）年には初めて９割を超え，91.6％に達した。女子の就学率はつねに男子より低かったが，1904（明治37）年には９割を超えた。こうして，満６歳の４月になると小学校に入学するというライフスタイルが定着した。なお，学齢終期年齢は就業・結婚可能年齢と関係が深く，家族や自分が就業・結婚可能とみなした時点で中途退学する子どもが絶えなかったため，明治期には確定しなかった。ただし，すぐに就業・結婚しなくてよい比較的余裕のある家の子どもには，尋常小学校卒業後に進学する者が徐々に増えた。

1890年代以降，**臣民教育**と呼ばれる日本特有の国民教育のあり方が広がった。1890（明治23）年，**教育ニ関スル勅語**（教育勅語）（図８－２）が出され，教育を通して「天壌無窮ノ皇運ヲ扶翼」する臣民の義務が示された。教育勅語の文章は，「朕惟(おも)フニ」から始まり，明治天皇の御名御璽(ぎょめいぎょじ)で終わる。ここから，教育勅語は法文ではなく天皇の個人的意見であったことは明らかだが，そのためにかえって過度に神聖化され，人々の行動を制限した。また，これまで臣民がよく忠孝に励んできたことを「国体ノ精華」で「教育ノ淵源」と高く評価した。史実では天皇家や親に対する叛逆もあったので，教育勅語は史実とは異なる忠臣・孝子ばかりの理想的な歴史像に基づいていたことになる。そして，続く「爾臣民父母ニ孝ニ……」から始まって「……義勇公ニ奉シ」に至る部分は，孝行や朋友などの儒教由来の道徳と，博愛や遵法などの西洋市民社会由来の道徳とで構成され，文末の「以テ天壌無窮ノ皇運ヲ扶翼スヘシ」によって一文にまとめられた。孝行や博愛，遵法も，たとえば人権や人々の福祉のためではなく，「天壌無窮ノ皇運ヲ扶翼」するための道徳であった。さらに，これらの道徳は「古今ニ通シテ謬(あやま)ラス之ヲ中外ニ施シテ悖(もと)ラス」と記された。皇室に奉仕するための道徳が，古今や国外，つまり歴史・文化を異にする他国民や異民族にも通用するというのである。教育勅語は，明治後期に経済的格差の拡大や社会秩序の混乱，異民族支配・植民地の広がり，日本の教育事情の海外紹介が進むにつれて，その論理の限界があらわになっていく。そのような事態に対処

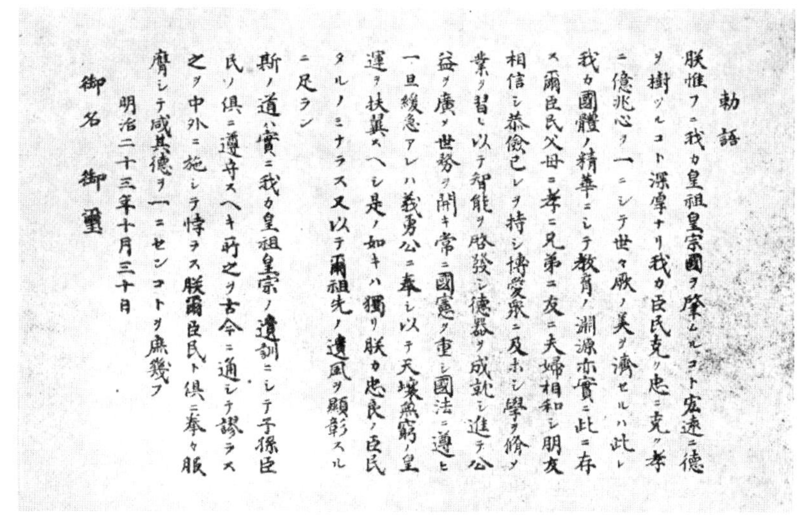

勅語

朕惟フニ我カ皇祖皇宗國ヲ肇ムルコト宏遠ニ徳ヲ樹ツルコト深厚ナリ我カ臣民克ク忠ニ克ク孝ニ億兆心ヲ一ニシテ世々厥ノ美ヲ濟セルハ此レ我カ國體ノ精華ニシテ教育ノ淵源亦實ニ此ニ存ス爾臣民父母ニ孝ニ兄弟ニ友ニ夫婦相和シ朋友相信シ恭儉己レヲ持シ博愛衆ニ及ホシ學ヲ修メ業ヲ習ヒ以テ智能ヲ啓發シ徳器ヲ成就シ進テ公益ヲ廣メ世務ヲ開キ常ニ國憲ヲ重シ國法ニ遵ヒ一旦緩急アレハ義勇公ニ奉シ以テ天壤無窮ノ皇運ヲ扶翼スヘシ是ノ如キハ獨リ朕カ忠良ノ臣民タルノミナラス又以テ爾祖先ノ遺風ヲ顯彰スルニ足ラン

斯ノ道ハ實ニ我カ皇祖皇宗ノ遺訓ニシテ子孫臣民ノ倶ニ遵守スヘキ所之ヲ古今ニ通シテ謬ラス之ヲ中外ニ施シテ悖ラス朕爾臣民ト倶ニ拳々服膺シテ咸其徳ヲ一ニセンコトヲ庶幾フ

明治二十三年十月三十日

御名　御璽

図8-2　元田永孚書　教育ニ関スル勅語

出所：文部省教学局編『教育に関する勅語渙発五十年記念資料展覧図録』内閣印刷局，1941年。

するため，1908（明治41）年に**戊申詔書**が出された。

臣民教育の仕組みは，教育勅語を出しただけでは終わっていない。1891（明治24）年には，祝日大祭日に教員・児童が集まって**儀式**を行うことになった。儀式では，天皇・皇后の写真（**御真影**）に対して全員で最敬礼と万歳を行い，校長が教育勅語を読み上げ，祝日大祭日にふさわしい演説と唱歌合唱をして「忠君愛国ノ志気」を涵養することが求められた。儀式後は，体操場や野外で遊戯・体操などを行って児童の心情を快活にすることに努め，茶菓や絵画などを与えることもあった。児童にとって印象深い儀式になったようである。ほかにも，歴代天皇を教材化したり，教育勅語の趣旨を修身科の指導方針にしたりして，天皇の臣民であることを意識する仕組みが設けられた。

以上のように，明治期には，小学校で臣民教育を受ける満6歳以上の「小学生」（少国民）が誕生した。家の都合で学齢終期は幅のあるままであったが，少なくともそれぞれの進路に進む前に，大多数の子どもたちが，大日本帝国という天皇制国家に生きる臣民として意識を共有する教育を受けるようになった。

（2）立身出世主義と良妻賢母主義

明治期は「**立身出世主義の時代**」と呼ばれる（竹内，2005）。福沢諭吉は『学問のすゝめ』で，これからの時代は，生まれではなく，学問するかしないかで将来が決まると主張した。学問をして身を立てた立身出世の成功・失敗体験の物語が雑誌などを通して繰り返し発表され，1880年代には，人々の間に「努力して勉強すれば，将来は富貴の生活が待っている」と期待する立身出世主義が定着した。政府は人材を確保するために，1887（明治20）年頃から官僚の採用試験などを整備し，指定された学校の卒業を受験資格とした。1880年代後半頃から勃興した企業も，語学力・近代的技能を持つ人材や官業並みの権威を得るために特定の学校の卒業生を採用するようになった。1900年代には，受験案内書の出版や受験予備校の設立が盛んになり，学歴社会の形成に拍車がかかった。そして，立身出世から脱落する不安にさいなまれながら，有利な学校に入学するために全生活を受験勉強にささげるライフスタイルを持った「受験生」が誕生し，その数を増やした。

立身出世主義は，多くの男子の生き方を規定したが，女子にとっては，まだ女性の社会進出が認められていない明治期においては実質無意味であった。明治の女子の生き方を規定したのは，**良妻賢母主義**である。1880年代以降，従来とは異なる新しい家族のあり方として「家庭」という言葉が使われるようになり，家庭における妻・母の役割を強調して，その役割遂行の質を高めることが国家の目標になった（小山，1999）。江戸期の母親は，女児についてはともかく男児の教育を期待されることはなかったが，明治期の母親は，国民形成に欠かせないものとして男女児の子育て役割を期待された。また，江戸期の家事は女性だけでなく使用人や男性もかかわり，その責任は家長にあったが，明治期以降，女性が責任を持って行うものとして語られ始めた。明治日本は，国家独立・富国強兵を進めるために，男性をひたすら立身出世に駆り立てて家の外（公共）に引き出して働かせ，かつ子どもを健康に育てて優秀な国民を形成するために，家事を責任持って切り盛りしながら質の高い子育てを行う女性（主婦）を育て，その女性たちを家の中（家庭）につなぎ止める必要があったのである。良妻賢母主義は小学校から準備された。小学校では，まず女子に裁縫科が課せられた。また，1900（明治33）年には，女児の読本は「特ニ家事上ノ事項ヲ交フベシ」と定められた。高等女学校では，たとえば1895（明治28）年の「高等女学校規程」において，「衣食住，家計簿記，家事，衛生，育児其ノ他，一家ノ整理・経済等ニ関スル事項」について教授・実習する家事科が設けられた。

以上のように，明治期の教育は，同じ国民教育・普通教育といっても，男女で目指す人間像・人生像が異なっていた。学校は，立身出世を目指して受験勉強・職業に尽くす男性と，良妻賢母を目指して家事・子育てに尽くす女性とを育てようとするジェンダー形成の機能を発揮し始めたのである。

（3）学校・地域・家庭

学校は，地域社会にさまざまな感情を引き起こした。小学校は，授業料や建築修繕等の費用を家庭や地域に課して怨嗟（えんさ）を引き起こしたり，住民共有の財産や地域行事の会場として住民同士の一体感の拠り所になったり，「母校」となって恩師や同窓とのつながりを維持する場となったりした（大谷，2019）。また，産業構造の変化に対応するために西洋の知識技能を学んだり，地方自治の振興のために訓練を行ったりして，地域の課題解決の鍵となることも期待された。中学校などは，子弟の高等小学校卒業後の進路を確保するために自分たちの地域に誘致したいという住民の要求をかきたてた。

また，明治の学校は教員（とくに小学校教員）という新たな職業の需要をつくり，全国・地域に広がる教育社会を形成するきっかけをつくった。1880年代以降には，地域の指導的教員や教育行政当局者が中心になって教育会を結成し，教育に携わるという同業者意識を核として，教員の資質・力量向上や政策建議・答申などを行う教育職能団体・圧力団体がつくられた（白石，2017）。**大日本教育会**（図８－３）はその一つで，日本最古の全国教育団体である。正資格教員が増え，教員の資格制度が整備されるに伴って，1880年代末頃以降には教育書や教育雑誌の刊行，教員講習の開設が相次いだ。そして，1900年代には，教員が読書や講習会で知識を得ながら，自ら研究を進めて教育雑誌や研究会などで成果を発表して他者から意見をもらい，共同研究や集会に参加して職場の違

図８－３　大日本教育会

出所：大日本教育会『大日本教育会雑誌』第132号，大日本教育会事務所，1893年。

う教員と交流しながら，大規模な調査や重大問題の研究に携わるような，研究する教員を生み出そうとした地域も現れた（白石，2015）。1900年代以降には，「教育的」という言葉が規範的な意味で使われ始め，物事を「教育的かどうか」と判断する教育固有の価値と論理ができるきざしもみられた（広田，2001）。

学校・家庭の連携が模索されたのも明治期である。明治初期から**家庭教育**の重要性は論じられていたが，明治30年代以降，家庭教育の体系化が進み，学校教育をより充実させるための家庭教育の役割が盛んに論じられた（小山，2002）。また，幼稚園は家庭教育と深い関係のなかで普及した。幼児の心身の健康を損なわないために，幼稚園で家事に追われる母親の代わりに適切な保育をすることを目指すという発想もあったが（湯川，2001），1899（明治32）年公布の「幼稚園保育及設備規程」は家庭教育を補うことを目指した。さらに，1885（明治18）年頃以降には，就学奨励のために親や地域住民を集めて講話や幻灯会などを行う**通俗教育**の実践が広がった。日清戦争以降には，通俗教育の場で学校と家庭との連絡の重要性が語られるようにもなった（松田，2004）。

以上のように，学校は，明治期を通して地域社会にさまざまな感情を呼び起こし，教員の需要を生んで教育社会を形成するきっかけをつくった。また，幼稚園によって補完された家庭教育によって学校教育の質向上を図り，通俗教育によって教育の量的拡大を図るという，学校中心の学校・地域・家庭の連携関係がつくられた。明治期は，学校・地域・家庭がつながった時期であった。

4　国民教育始動の意義

明治の45年間は，地域におけるさまざまな取り組みや人々の生活と衝突しながら，国民教育の原型が形成・始動した時期であった。明治期には，児童を就学させる保護者の義務を実際に機能させ，国民意識を共有するために必要な教科を備えて，国家統制された教科書を学級で一斉教授する普通教育課程が整備され，国民教育の内容と方法が追究された。また，国民教育は，進学や性役割，職業・産業ごとに整備された複線型の人材養成ルートを普通教育と接続した。そして，満6歳からの就学慣行を定着させ，天皇制国家の臣民としての意識を形成し，男性に立身出世を夢見させ，女性に良妻賢母を強い，学校・地域・家庭をさまざまな感情と役割分担とでつなぎ，教員という新しい職業を生み出し，日本を大きく変えた。

なお，日本の国民教育は明治期に完成されたわけではない。この後，障がい・病気・貧困・植民地・僻地を枠外に置くやり方に疑問が向けられた。また，国定制や一斉教授，学級，男女別・複線型の学校体系，臣民教育などの問題が深刻化した。さらに，国民教育の始動の裏で切り捨てられた地域の伝統的・自生的な取り組みや方言などに注目する人々も現れた。明治期に始動した国民教育は，大正期以降も，日本社会に課題を与え続けたのである。

学習課題
① 出身地や生活圏にある学校が，いつどのように誕生したか調べてみよう。
② 国語や地理，歴史，算数，道徳などの教育について，なぜ国民教育に必要なのか考えてみよう。
③ 明治期の国民教育や学校が社会に与えた影響について，現在に残っているのではないかと思うことを話し合ってみよう。

引用・参考文献

有元正雄・頼祺一・甲斐英男・青野春水『明治期地方啓蒙思想家の研究――窪田次郎の思想と行動』溪水社，1981年。

大谷奨「学校はどのように地域に根づいたのか」平田諭治編『日本教育史』ミネルヴァ書房，2019年，59〜79頁。

梶山雅史『近代日本教科書史研究――明治期検定制度の成立と崩壊』ミネルヴァ書房，1988年。

柏木敦『日本近代就学慣行成立史研究』学文社，2012年。

教育史編纂会『明治以降教育制度発達史　第２巻』龍吟社，1938年。

京都市学校歴史博物館編『学びやタイムスリップ――近代京都の学校史・美術史』京都新聞出版センター，2016年。

国立教育研究所編『日本近代教育百年史　第４巻　学校教育２』教育研究振興会，1974年。

駒込武『植民地帝国日本の文化統合』岩波書店，1996年。

小山静子『家庭の生成と女性の国民化』勁草書房，1999年。

小山静子『子どもたちの近代――学校教育と家庭教育』吉川弘文館，2002年。

坂本紀子「鹿児島県大島郡十島村の義務教育獲得過程」『教育史フォーラム』14，教育史フォーラム・京都，2019年，67〜83頁。

白石崇人『鳥取県教育会と教師――学び続ける明治期の教師たち』鳥取県史ブックレット16，鳥取県，2015年。

白石崇人『明治期大日本教育会・帝国教育会の教員改良――資質向上への指導的教員の動員』溪水社，2017年。

竹内洋『立身出世主義［増補版］――近代日本のロマンと欲望』世界思想社，2005年。

野坂尊子「就学勧奨の対象者」荒井明夫編『近代日本黎明期における「就学告諭」の研究』東信堂，2008年，137〜164頁。

平田諭治「言語を教育するということはどういうことか」平田諭治編『日本教育史』ミネルヴァ書房，2019年，95〜116頁。

平舘善明『教材にみる岡山秀吉の手工科教育論の特質と意義――戦前日本の手工科教育論の到達水準の探究』学文社，2016年。

広田照幸『教育言説の歴史社会学』名古屋大学出版会，2001年。

松田武雄『近代日本社会教育の成立』九州大学出版会，2004年。

柳治男『〈学級〉の歴史学――自明視された空間を疑う』講談社，2005年。

湯川嘉津美『日本幼稚園成立史の研究』風間書房，2001年。

湯川文彦『立法と事務の明治維新――官民共治の構想と展開』東京大学出版会，2017年。

米田俊彦『近代日本中学校制度の確立――法制・教育機能・支持基盤の形成』東京大学出版会，1992年。

第9章

大正新教育から「総力戦」へ
——大正・昭和戦前期の教育——

本章のねらいは，第一に私たちの「教育」や「学校」のイメージに近い社会が出現する時代として，大正・昭和戦前期をおさえることである。たとえば，「立身出世」の教育観・学習観，親こそがわが子の教育の責任者であるという観念，高等教育の拡張，子どもの個性や主体性を重視した教育実践とそれを支える専門職としての教師集団の形成など，現代教育の源流ともいえる特徴が認められる。第二に大正期から昭和戦前期における社会の大きな変動と，それによって子どもの学習と教育が変容していく過程を捉えたい。大正期には「都市化」「情報化」「大衆化」，昭和期には国家主導の戦時体制へと移行する。総力戦体制のもとで，小学校は皇国民錬成を主眼とした国民学校となる。やがて，戦局の悪化に伴って，子どもは「労働力」や「戦力」となることを余儀なくされる。

1　大衆化と教育文化の拡がり

（1）都市化・情報化・大衆化

産業社会へと移行した大正期の日本では，農村からの大量の労働力の流入によって都市化が進行した。地域共同体や「家」（親族），土地から切り離され，ほかに頼るもののない**新中間層**と呼ばれるサラリーマン家庭（核家族）が出現する。彼らにとって教育・学習の必要性は圧倒的に高いものであった。地域共同体や「家」に居れば，生活上必要とされる知識や技術，知恵は，労働や生活のなかで自然に身に付けることができた。しかし，都市の新中間層はそれを別の手段で補う必要があり，さらに親から継ぐべき職業を持たないわが子を一人前にするための，将来に向けた教育や資格の獲得が重要な課題であったからである。

この時代に，新聞や雑誌，円本などの活字メディア，ラジオ等の音声メディアが急速に発達し，いわゆる情報化社会が到来した。その要因の一つはここにある。また，高等教育機関を中心とした学校教育の拡張も新中間層の要望を背景としたものであった。新中間層にとって学校教育の存在は大きかった。

こうして，均質な情報が広範囲に，かつ同時に伝わる条件が整ったことにより，大衆化社会が形成されていったのである。人々が生活と労働のなかで慣習として人から人へと伝えていった知識や技術は，情報メディアや学校を媒介とする，意図的，計画的，組織的な教育・学習によって獲得されるものとなっていく。

（2）大衆文化の開花

大正期は，大衆雑誌が広く普及した時代である。まず，新中間層であるサラリーマン家庭の急増は，「主婦」と呼ばれる人々と新しい生活様式を誕生させたが，この「主婦」の学習要求を背景に登場したのが婦人雑誌である。『婦人世界』，『婦人公論』，『主婦之友』（図９－１），『婦人倶楽部』など，発行部数が10万部を超えるものもあった。記事内容は，「手芸」「料理」「美容」「医療衛生」「出産・子育て」「趣味・家庭娯楽」「家計」「住宅」「生活改善」など，婦人の日常生活に役立つ知識・技術が中心となる。世代間の伝承や地域共同体の慣行から切り離された都市の主婦にとって，生活の知恵を得る貴重な情報源となった。

少年向けの雑誌『少年倶楽部』は，1914（大正３）年10月に創刊された。「面白く読む中に知らず知らずに或る種の教育を受くる」という教育的配慮（同誌編集方針）のもとで編集された内容は，「当時の有名な軍人や学者，政治家などの少年に対する教訓・激励」と「社会科学的な知識や理科的知識を伝えた教養的」な記事が中心であった（唐澤，1992）。のちに『少女倶楽部』も刊行された。

そして「日本一面白い，日本一為になる，日本一の大部数」の宣伝文句のもと，1924（大正13）年に刊行され，日本で初めて100万部発行を達成した大衆雑誌『**キング**』もあった。このほか，1926（大正15）年の改造社『現代日本文学全集』を皮切りに，『世界文学全集』（新潮社），『現代大衆文学全集』（平凡社），『日本児童文庫』（アルス）など，全集が1冊1円以下で購入できる「円本」が続々と刊行された。

図9－1　『主婦之友』
出所：『主婦之友』1920年2月号表紙。

1920（大正9）年11月にアメリカで公共放送が開始されたラジオは，1925（大正14）年3月JOAK（現在のNHK東京放送局）によって日本でも放送が開始された。その内容は，天気予報，経済市況，ニュース，時報，芸能，音楽，スポーツ，英語講座，ラジオ体操など幅広い。階層や職業，性別を問わず，あらゆる人々に，同一の情報を同時に伝える革新的なメディアであった。

これらのメディアは，戦時下には戦意高揚，動員の道具として利用され，第二次大戦後には占領軍による民主主義化の道具として利用されることになる。

（3）修養主義と教養主義

大衆雑誌が人を惹きつけたのは，実用や娯楽に加えて「修養」の要素があったからである。『キング』は，編集方針のなかに「『キング』を読む人は楽しみながら修養が出来る」という文言を掲げている。個々人が「文化の享受」を通じて自己を磨き「努力」と「習得」によって「人格の向上」を図るという，**修養主義**が大衆社会に拡がりをみせたのである。

これに対して，大衆とは異なる学歴エリートの文化として現れたのが，**教養主義**である。後述するように，高等教育の拡張がこの時期の特徴の一つであった。とはいっても，同世代の男子の1％が享受できるにすぎない，帝国大学へと続くルートである旧制高校（現在の大学1～2年の一般教育課程に当たる）でのことである。哲学書や文学書などの読書を通じて，自己の生き方に向き合い，人格の完成を図るという教養主義と呼ばれる学習文化が現れた。阿部次郎『三太郎の日記』，夏目漱石『こゝろ』，倉田百三『出家とその弟子』『愛と認識の出発』，西田幾多郎『善の研究』，和辻哲郎『古寺巡礼』，出隆『哲学以前』，岩波書店の「哲学叢書」シリーズや岩波文庫などがよく読まれた（哲学ブームと呼ばれた）。大衆文化とエリート文化との違いはあるが，両方とも，「努力」や「習得」による人間形成という点では共通している。欧州における生得的な資質（非習得的資質）としてのエリート文化とは異なる，学習信仰という日本的特徴を持つエリート文化であった。

2 「教育家族」の誕生と大正新教育

（1）「教育家族」の誕生

民俗学者の**柳田國男**（1875～1962）は，この時期の家庭の特徴として「教育が著しく子供本位になつた。我子の幸福なる将来といふことが，最も大切な家庭の論題になつて居る」ことを指摘している（柳田，1931）。現代人にとって当たり前の観念は，この時期に登場する。それまで子どもの教育は，地域共同体や「家」（親族）の慣行によるもので，父親・母親の一存で自由に行えるものではなかった。先にも述べたように新中間層は，継ぐべき職業と財産を持たない。そのため，親子の強い結合と努力と工夫によって，子どもをより有利な職業へと導かねばならなかった。「人並み以上によりよく生きていける子どもを育てることを親の務めとする『教育』意識」を持つ家族，つまり，わが子の将来と能力への強い関心を特徴とする「**教育家族**」の誕生である（沢山，1990）（図９－２）。

図９－２ 「優れた子美しい子を儲ける法 良い子立派な子に育てる法」

出所：『婦人倶楽部』1932年９月号附録。

（２）大正新教育の展開

当時，公立校では，１学級に多いところで70人の子どもが収容されており，教師主導の画一的な教授法，暗記中心の教授が一般的であった。子ども一人ひとりの能力や個性への配慮には自ずと限界があり，わが子の能力や個性の伸長に高い関心を持つ教育家族にとって，既存の学校教育は物足りないものであった。

こうした教育家族＝新中間層の教育要求に応えたのが，新設された都市の私立学校や師範学校附属小学校である。いずれも学校設備・教員などの教育条件の水準が高く，学校文化との親和性の高い新中間層の子弟が通う学校であった。これらの学校を中心に展開した教育実践が，「**大正新教育（大正自由教育）**」である。

「大正新教育（大正自由教育）」が広く普及する契機となったのが，1921（大正10）年8月に大日本学術協会が主催し東京で開催された「**八大教育主張講演会**」であった。次の教育家の主張である。

• 樋口長市「自学教育論」	• 河野清丸「自動教育論」
• 手塚岸衛「自由教育論」	• 千葉命吉「一切衝動皆満足論」
• 稲毛金七「創造教育論」	• 及川平治「動的教育論」
• 小原國芳「全人教育論」	• 片上伸　「文芸教育論」

「自」や「動」，「創造（文芸）」の文字が多用されていることからもうかがえるように，それまでの教師主導による受動的な学習を否定し，子どもの自発性や個性，活動性を前提とした能動的な学習を促す主張であった。これら新しい実践の試みは，**エレン・ケイ**（Ellen Key，1849～1926）の『**児童の世紀**』（1900）のような児童中心主義の世界規模での潮流やドルトン・プラン，モンテッソーリ法，**プロジェクト法**，ウィネトカ・プランといった欧米の教育情報を積極的に受容し，日本の教育現場に適用しようとする，教師たちの熱意に支えられていた。新教育は，広く公立校においても実践されたが，代表的な私立学校や師範学校附属小学校の一例を挙げれば，表9‑1のようになる。これらの学校で展開した教育実践は，当時の学校教育の常識を打ち破る斬新なものであった。そのなかには，今では学校教育に定着しているものも多い。

手塚岸衛（1880～1936）の「自由教育」の実践を例にみてみる。まず，これまでの一斉教授に対して，子どもの能力や到達度，課題別に分けた学習法がある。また，学習内容と方法，場所などの決定を児童の自主性に任せる「自由学習」（図9‑3）は，「総合的な学習の時間」の源流といえる。子どもが自分たち

表9-1 「大正新教育（大正自由教育）」の実践校の例
（私立学校，師範学校附属小学校）

学校名	所在地	創設者・教師
成蹊実務学校	東京	中村春二
帝国小学校	東京	西山哲次
成城小学校	東京	沢柳政太郎
明星学園	東京	赤井米吉
玉川学園	東京	小原國芳
池袋児童の村小学校	東京	野口援太郎
芦屋児童の村小学校	兵庫	桜井祐男
雲雀ヶ岡児童の村小学校	神奈川	上田庄三郎
自由学園	東京	羽仁もと子
文化学院	東京	西村伊作
千葉県師範学校附属小学校	千葉	手塚岸衛
兵庫県明石女子師範学校附属小学校	兵庫	及川平治
奈良女子高等師範学校附属小学校	奈良	木下竹次

出所：筆者作成。

図9-3　千葉県師範学校附属小学校（5年男）「自由学習」
出所：手塚岸衛『自由教育真義』東京宝文館，1925年。

で活動内容を決定，実施する自治集会も現代の小・中学校で認められる（児童会・生徒会）。自治集会では，学芸会や音楽会などが実施された。さらに，子どもの実態を最もよく把握しているのは学級担任であるとの考え方から，校長を頂点とする従来の指揮命令系統を改め，担任の裁量を拡大した取り組みもあった（「学級王国」と批判されることもあった）。

このほか，大正期における教育内容面の改革では，国語科の綴方（作文）と図画が特徴的である。子どもが作文の題材を自由に選んで書く作文教育は，現在，一般的に行われているが，この時期に定着したものである。

芦田恵之助（あしだえのすけ）（1873～1951）が提唱した，「**随意選題**（ずいいせんだい）」と呼ばれる作文教育は，日常生活のなかから，児童が主体的に題材を選び取って書くものである。明治期の，たとえば「病気見まひの手紙」「出産を賀する文」「離縁の証」など，大人が使用する実用文の題材が与えられ，それに対応する模範文を身に付ける形式主義・技術主義の作文とは大きく異なるものであった。

自己表現としての作文の登場の背景には，**鈴木三重吉**（すずきみえきち）（1882～1936）の**『赤い鳥』**（1918年創刊）がある。綴方に限らず，詩や童謡，童話，学校劇，それから後述する自由画など，大人とは異なる子どもの目線や感じ方に基づく児童文化を展開させる運動である。北原白秋（1885～1942）や**山本鼎**（やまもとかなえ）（1882～1946）といった詩人，芸術家も参加し，子どもの指導にあたった。子どもらしさを称揚する童心主義の出現もこの時期の教育の転換に大きな影響を与えたのである。

また，綴方を通じて，子どもの考えや生活実態を捉えて，指導に活かすという観点から，生徒指導の考えもこの時期に出てきた。

図画の領域にも革新がみられた。明治期の図画は，臨画（模写）であり，教科書に示された，直線，曲線，器具，家屋，草木，禽獣，人物へと進む手本（イラスト）を正確に写し取るものであった。これに対して山本鼎が提唱した自由画教育は，子どもの経験や感性を尊重し，手本なしで自由に描かせる図画であった。このほか，**小原國芳**（1887～1977）が理論化した「学校劇」（教育活動の一環として児童が演じる劇）など，今日の学校教育に継承されている教育活動は数多い。

一方，このような従来の学校慣行を超える実践を可能にしたのは，教師たちの専門職意識と教師集団の強い結合であった。たとえば，上記の「自由教育」の実践でいえば，白楊会という研究組織の結成，自由教育研究会の開催や機関誌『自由教育研究』の発行といった広報・普及活動も活発であり，また「自由教育」に学ぼうと，見学に訪れる教員たちも後を絶たなかった。

この時期，日本最初の教員組合である**啓明会**が，後に平凡社を立ち上げる**下中弥三郎**（1878～1961）を中心に結成されており，教員の組織化とともに専門職集団としての自律的な教育研究も認められた。その下中と**野口援太郎**（1868～1941）らによって結成された教育の世紀社は，機関誌『**教育の世紀**』を刊行し，ほかの教育運動団体と交流するなど，教師による自律的な教育研究を支えた。

（3）学校教育の拡張

第一に中等教育の拡張があった。男子の中学校，女子の高等女学校の生徒数はともに，大正年間に急増している。とくに女子の伸びは著しく，中等教育機関への進学率は，1915（大正４）年から1925（大正14）年の10年間で5.0％から14.1％まで上昇した。高等女学校の数も倍増している。高等教育機関への進学はほぼ閉ざされており，良家の女子のための**良妻賢母主義**の性格の強い教育であったが，先の婦人雑誌の読者層を形成するような女性の教育水準の引き上げに果たした役割は大きかった（図９-４）。

第二に高等教育の拡張である。現在の大学の一般教育課程に相当する旧制高校は，1918（大正７）年に「**高等学校令**」が改正されると，国立以外の設置が認められて，私立の（旧制）高校が設置された。その背景には高等教育の需要の拡大があった。大正期の15年間で高等学校入学志願者は約１万人から３万人へと急増している。

図９-４　女子師範学校での裁縫と手芸の授業風景

出所：埼玉県女子師範学校卒業アルバム（1926年）より。

さらに同年，「**大学令**」が制定される。翌1919（大正８）年の施行時には府立大阪医科大学が，1920（大正９）年には慶應義塾大学，早稲田大学，日本大学，法政大学，明治大学，中央大学，國學院大學，同志社大学などが，法的に正式な大学として認可された。「大学令」が制定されるまでは，「帝国大学令」に基づく5校のみであった大学は，主に旧制の専門学校を昇格する形で拡大し，1929（昭和4）年までに49校となった（「帝国大学令」は「大学令」とは別の法令として存続）。

このほか，幼稚園教育も，大正期に普及している。法制整備の要望もあり，1926（大正15）年に「**幼稚園令**」が公布された。以上のように，大正期には幼稚園から大学に至る教育制度の法制基盤が整備されたことになる。

3　経済不況と教育運動の展開

（1）プロレタリア教育運動

大正期には，デモクラシーや民本主義など国民の政治参加を求める政治的潮流と，労働者・農民・被差別民らによる自己解放の闘い，そして上記の教育改革の機運が高揚した。さらに昭和に入ると恐慌によって労働運動が激化し，体制批判を鮮明にした組織的な教育労働運動が展開する。日本共産党の指揮下に結成された日本教育労働者組合（教労）と新興教育研究所（新教）を中心に，教育運動＝**プロレタリア教育運動**が起こった。マルクス主義理論による階級的立場から，教員の生活改善，政府の教育政策（「帝国主義教育」）批判，子どもの教育を受ける権利の要求を体制側に突きつけるとともに，労農少年団（ピオニール）の組織化に取り組んだ。

（2）生活綴方と郷土教育

国語科の一領域である綴方には，国定教科書がなく，教師の裁量が大きいという特徴を持つ。芦田恵之助や鈴木三重吉らの綴方に触発されながら，生活現実に対する認識と生活改善へと子どもたちの意識を向ける，リアリズムの思想を反映したのが生活綴方である。**小砂丘忠義**（ささおかただよし）（1897～1937）らが刊行した『**綴方生活**』（1929年創刊），千葉春雄（1890～1943）の『教育・国語教育』（1930年創刊）を中心に，各地の意欲的な教師たちが参加し，実践の交流がなされた。とくに昭和初期の恐慌によって農村が疲弊した東北では，矛盾する社会生活に対する児童の認識力の形成を目指した綴方実践が浸透した。**北方性教育運動**と呼

図９－５　郷土教育「水門の実地踏査」

出所：千葉県長生郡豊岡尋常高等小学校「我が校郷土教育施設経営の断面」1934年。

図９－６　郷土教育「社会見学（自動車の分解説明）」

出所：和歌山県師範学校附属小学校『新郷土教育の実際』明治図書，1931年。

ばれるもので秋田の教員を中心に雑誌『**北方教育**（ほっぽうきょういく）』も刊行された。

子どもが自分の思いを綴る，という学習の仕方がこの時期に展開した背景には，鉛筆と学習ノートの普及があった。筆に墨汁をつけて半紙に書いたり，石板に石墨で書いて布で消したりすることを繰り返す，それまでの学習の仕方と比べて，圧倒的に書くことの抵抗感がなくなった。書きやすく，どこでも書いたり消したりと試行錯誤が許されるから，自己の内面を表現するのに適している。また予習復習も容易になった。新たな文具の出現によって，子どもの学習は飛躍的に前進したのである。

一方，柳田國男らによる郷土研究の動向を背景としながら，学校教育における郷土への注目を促したのが，郷土教育運動である。1930（昭和５）年，尾高豊作（おだかほうさく）（1894～1944）と人文地理学者の小田内通敏（おだうちみちとし）（1875～1954）らによって結成された**郷土教育連盟**がその原動力となった。子どもの社会認識力の育成を理念に掲げて，機関誌『**郷土**』を刊行，また研究会を開催し，教師の参加を募った。子どもに身近な教材の提供によって効果的な学習指導が期待されることもあり，多くの公立校で広く実践に移された（図９－５，図９－６）。

文部省においては，師範学校に郷土調査費補助金を交付し，各県の師範学校もその動きに呼応した。ただし，文部省の眼目は，深刻化する農村不況に対して愛郷心の涵養によって事態の改善を図ろうとするものであった。柳田國男の郷土研究に参加し，地方民俗の採集・調査方法を自身の教育実践に活かそうとした教師も現れた。そのような教師として，竹内利美（たけうちとしみ）（1909～2001）と宮本常一（みやもとつねいち）（1907～1981）がいる。竹内は，長野県上伊那郡川島小学校の訓導（戦前の小学校の正規教員の職名。現在の教諭に当たる）として，児童に将来の自分の村がどうあるべきかを川島村の生活調査を通じて考えさせ，その成果を1934年に『小学生の調べたる上伊那郡川島村郷土誌』（続編は1936年）にまとめた。宮本は，大阪府泉北郡池田小学校の訓導として，子ども自身が村の歴史や文化，社会の仕組みを調べることにより，自己の拠って立つ足場を確かにする実践を展開した。これは1937年に『とろし』としてまとめられている。

（3）教師への弾圧と統制

政府による教師への抑圧・弾圧は，大正期にも長野県松本女子師範学校の川井訓導事件（1924年），茨城県や千葉県の「自由教育」抑圧事件などいくつか起きている。それは，大正新教育が既存の学校教育からの逸脱であるとの，地方当局の独自の判断によってなされた，個別的な性格の濃いものであった。

昭和恐慌期になると，上述のプロレタリア教育運動が展開する。労働運動とも結び付いた組織的な教育運動であり，体制への批判を含むものであったため，政府の対応は，より明確で強いものとなる。政府はすでに1925（大正14）年に「治安維持法」を制定して，共産主義への危機感を露わにしていたが，これらの教育運動を体制を揺るがすものと危険視して弾圧に乗り出した。1930（昭和5）年には教労，新教に対する弾圧を行い壊滅させ，1933（昭和8）年には長野県の「**教員赤化事件**」で200人以上にのぼる教員の一斉検挙を行った。長野県の事件を端緒に全国の「赤化教員」が摘発されていった。

これにより組織的な教育運動は壊滅状態となったが，さらに政府は，予防的な措置にも踏み込んだ。とくに綴方教員が共産主義者とみなされ，1939（昭和14）年から1942（昭和17）年に全国で130名以上が「治安維持法」違反で検挙された。長期拘留や教員免許剝奪など，多くの教員が教育現場から追われた。1940（昭和15）年の北海道綴方教育連盟事件では，75名の逮捕者を出している。大正期に開花した，子どもに寄り添う教育実践は，こうして太平洋戦争に突入していく時期に消滅したのである。

4　総力戦体制と皇国民教育

（1）総力戦体制に向けた教育改革

1931（昭和6）年満州国建国，1933（昭和8）年国際連盟脱退と，日本は国際的な孤立を深め，1937（昭和12）年に中国との戦争状態に入っていく。すでに第一次世界大戦から戦争は，軍事力だけでなく，政治・経済・文化・教育等，その国民を含めたすべての資源を活用する，**総力戦体制**を必要とする段階にあった。教育は，その人的資源を効率的・効果的に活用するための思想統制や，次代の人的資源の生産にかかわる事業であり，その統制は重要な政治的課題とされた。

1935（昭和10）年，天皇が日本の統治主体であることを明らかにした「国体明徴」宣言がなされ，翌年の**教学刷新評議会**答申では，国体・日本精神に立脚する教育と学問の統制の方針を鮮明にした。具体化策として，1937年の**『国体の本義』**編纂，同年の国民精神文化研究所の設立などが注目できる。

1937年に**教育審議会**が内閣総理大臣の諮問機関として設置された。必ずしも戦時体制に即応した教育制度の改革を目的としたものではなかったが，答申には，たとえば青年学校義務制の実施（1939年）や**国民学校**の発足（1941年）など，その後の教育改革を方向付ける重要な答申がなされた。このほか，教育審議会の答申を基礎にして，1943（昭和18）年「**師範教育令**」が改正され，師範学校を「皇国ノ道ニ則リテ国民学校教員タルベキ者ノ錬成ヲ為ス」機関とした。また，県立であった各師範学校を官立（国立）とするとともに，教育程度を中等教育程度から専門学校程度の教育機関に「昇格」させた。

（2）国民学校と皇国民錬成

1886（明治19）年に公布され，改正を重ねつつ半世紀以上続いてきた「小学校令」体制が改変されるのは，1941（昭和16）年の「**国民学校令**」によってである。小学校の名称を国民学校とし，6年制の初等科と2年制の高等科の計8年とした。6年から8年へと義務教育期間の延長を定めたものであった（ただし，戦局の悪化により，実施されることはなかった）。

その第1条には「国民学校ハ皇国ノ道ニ則リテ初等普通教育ヲ施シ国民ノ基礎的錬成ヲ為スヲ以テ目的トス」と目的規定がなされ，皇国民の「錬成」のための教育課程が定められた。とくに教科の統合は特徴的で，国民科，理数科，体錬科，芸能科の四つにまとめられた（高等科はこれに実業科が加わる）。

「**錬成**」とは，知識偏重を否定し，体験や「行」実践を重視する，という程度の意味であった。規定が曖昧ゆえに，その内容・方法は現場に委ねられ，次第に過剰な取り組みになっていった。儀式や行事，訓練の機会が増えていき，戦局が厳しくなると，食糧増産や勤労奉仕，教室に神棚を設置する神棚教育の実践など，「錬成」は教師の命令に無批判に従うことを意味するようになった。

（3）学校教育の崩壊

日本本土への空襲が始まると，延焼防止のために建物を間引く建物疎開，ついで防災活動における「足手まとい」の再配置として**学童疎開**が奨励される。学童疎開は当初，親戚を頼る縁故疎開が奨励されたが進展せず，東京，大阪等の全国17都市の国民学校初等科3学年以上の児童45万人が，地方都市へ集団疎開した（図9-7）。子どもは親元を離れ，学校単位で教員と寮母とともに寺院や旅館に移り住み，地元の学校を間借りして教育活動を行うというものであった。しかし，その実態は，固定的な人間関係に起因するいじめが横行しており，また後に「rice（お米）と lice（しらみ）」と呼ばれるような，食糧不足と不衛生な生活環境の問題も深刻であった。授業に代わって食糧の調達に出かけることもあった。都市への空襲により戦災孤児となり，浮浪児となる子も少なくなかった。

中等教育機関の生徒は，深刻な労働力不足を補うため**勤労動員**され，食糧増

図9－7　「屋外で授業」東京府荏原郡宮前国民学校の集団疎開（静岡県）

出所：品川区立品川歴史館『品川の学童集団疎開資料集』1988年。

産や軍需工場等での労働に従事した。1944（昭和19）年に入ると，「学徒勤労令」「女子挺身勤労令」が公布された。たとえば茨城師範学校では，日立，勝田，古河などの工場に動員され，学校は「空家同然」となったという。1945（昭和20）年には「決戦教育措置要綱」（閣議決定）や「**戦時教育令**」が公布され，学校での授業は完全に停止された。同年７月には，日立電線工場に動員された生徒の宿舎がアメリカ海軍の艦砲射撃を受け，引率教官と生徒12名が死亡している。

高等教育機関の学生の徴兵も行われた。1943（昭和18）年10月，学生服にゲートル巻き姿で小銃を抱えた学生が行進した「出陣学徒壮行会」（明治神宮外苑競技場）が有名で，一般に**学徒出陣**と呼ばれる。文系の学生は戦地に，理系の学生は主に軍の研究所に動員された。戦後に出版された，戦没学徒の遺稿集『きけわだつみのこえ』には，死地へと向かう若者の心境が綴られている。

戦況の悪化に伴い，学校教育は崩壊した。児童・生徒・学生は，もはや教育の対象ではなく，戦争を遂行するための「労働力」または「兵力」，さもなければ「足手まとい」となった。

学習課題

① インターネットやテレビ，雑誌・漫画など，身近なメディアの影響力について話し合ってみよう。

② 大正新教育の実践校を一つ取り上げて，子どもの主体性・個性・活動性の観点から，その取り組みを調べてみよう。

③ 教師が自らの専門性や人格を高めるためには，どうすればよいか，先生に聞き取りをしてみよう。

引用・参考文献

唐澤富太郎『唐澤富太郎著作集　第2巻　児童教育史（下）――児童の生活と教育』ぎょうせい，1992年。

木村涼子『主婦の誕生』吉川弘文館，2010年。

久保義三ほか編『現代教育史事典』東京書籍，2001年。

小針誠『「お受験」の社会史――都市新中間層と私立小学校』世織書房，2009年。

佐竹直子『獄中メモは問う――作文教育が罪にされた時代』北海道新聞社，2014年。

佐藤卓己『「キング」の時代』岩波書店，2002年。

佐藤秀夫『新訂 教育の歴史』放送大学教育振興会，2000年。

沢山美果子「教育家族の成立」第1巻編集委員会編『「教育」――誕生と終焉（叢書産む・育てる・教える――匿名の教育史1）』藤原書店，1990年。

橋本美保編『大正新教育の受容史』東信堂，2018年。

柳田國男『明治大正史　第4巻　世相篇』朝日新聞社，1931年。

山田恵吾編『日本の教育文化史を学ぶ――時代・生活・学校』ミネルヴァ書房，2014年。

第10章

教育の民主化
――戦後教育改革期の模索――

現代日本の教育は「教育基本法」のもとで諸制度が形作られている。その源流である戦後教育改革は，教育勅語体制を否定し，人々の学ぶ権利と教育機会の保障，教育行政の地方分権などを掲げる劇的なものであった。GHQ／CI&Eと文部省や日米の教育専門家の論議で，何が否定され，何が理想として掲げられ，そして何が選択されたのか。その「模索」を知ることは，未来の教育を考えるうえで大切な「知恵」を得ることでもある。

1　敗戦直後の模索
――国体護持か民主化か

（1）「新日本教育ノ建設方針」

敗戦後，**連合国軍最高司令官総司令部**（General Headquarters of Supreme Commander for the Allied Powers：GHQ／SCAP，以下 GHQ）が進駐する以前から，日本政府・文部省は「総力戦体制」の解除へと動き出していた。1945（昭和20）年８月16日には学徒動員の解除を通達し，同28日には「時局ノ変転ニ伴フ学校教育ニ関スル件」を発し，学校での授業再開を指示した。９月15日には「**新日本教育ノ建設方針**」を発し，国体の護持を基本とし，軍国的思想を払しょくし，平和国家の建設を目指す「新教育の方針」を示した。これに基づき，９月20日には国定教科書の軍事的な教材を削除する通達がなされ，教育現場では**墨塗り**（すみぬ）**教科書**（図10－１）が生み出されていった。

当時の文部大臣・前田多門（1884～1962）は，10月15・16日に東京で行われた新教育方針中央講習会にて，方針の要点を以下のように語っている。

(1)　敗戦の原因の最も重大なものは，外部からの圧力によって国民が正しく

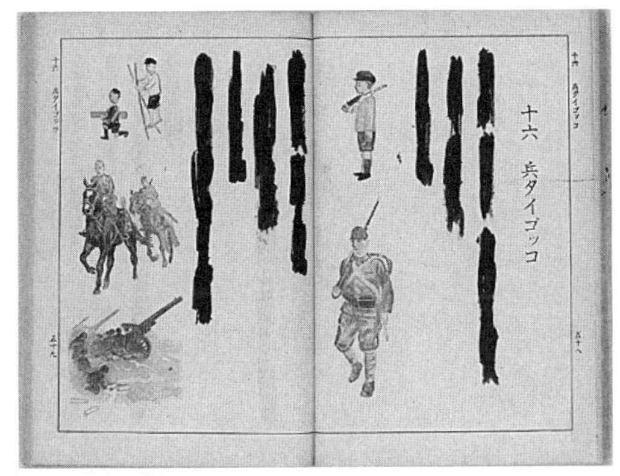

図 10－1　墨塗り教科書の例（『ヨミカタ　二』）

出所：東書文庫ホームページ「墨塗り教科書」（http://www.tosho-bunko.jp/collection/collection05.html　2020年 6 月27日閲覧）。

ものを考えることができなくなり，真実を見失ったことである。

⑵　教育界から軍国主義と極端な国家主義を一掃しなければならない。

⑶　改めて教育勅語を読んで心の整理をしなければならない。勅語には民衆が責任を持って奉仕する政治が示されている。

⑷　文部省ではとくに公民科の内容を強化し，新教育の方針として画一主義を排して教育機関や教師が自発的に創意工夫できる教育を考えている。

⑸　社会教育の振興，女子教育の水準向上，科学教育の刷新，体力の増進，芸能文化の振興，労働者教育についても新たな方針を定める。

前田は戦前から「civics（市民意識）」を重視して公民教育・社会教育の充実を強調していた人物である。彼が敗戦の要因として国民一人ひとりの思考・判断力の欠落を挙げ，公民科や学校・教師の創意工夫その他の諸施策を掲げたのは，戦前から一貫した主張であったともいえる。一方で「国体護持」を基本路線とし，教育勅語を拠り所に民衆が奉仕する政治を目指すべきと論じるなど，新しい方策を旧来の枠組みで模索する色合いも濃かった。

（2）「四大教育指令」

そこに天皇制維持の意図を見取り，強い警戒感を示したのが GHQ であった。

教育指導のために**民間教育情報局**（The Civil Information and Education Section, 以下 CI&E）を置き，軍国主義的な教育の排除と徹底した民主化を図るため，1945（昭和20）年10月から12月にかけて「**四大教育指令**」を発していく。

(1)「日本教育制度に対する管理政策」（10月22日）と(2)「教員及教育関係者の調査，除外，認可に関する件」（10月30日）では，教職の適格審査が本格的に開始され，校長や視学といった戦前の教員社会の要職者を中心に追放者が選ばれた。これに続く(3)「国家神道，神社神道に対する政府の保証，支援，保全，監督並に弘布の廃止に関する件」（12月15日）では，国家神道の禁止，子どもへの神社参拝の強制の禁止，学校内の神社様式の奉安殿撤去と「御真影」や教育勅語謄本の回収などが行われた。さらに(4)「修身，日本歴史及び地理停止に関する件」（12月31日）の指示により，教育勅語に基づいた内容を教えていた修身科などの授業が禁止された。

（3）『アメリカ教育使節団報告書』と日本側の改革意見

CI&E は1946（昭和21）年に入ると，それまでの禁止的な措置から転じ，具体的な教育改革を積極的に提言していく。連合国軍最高司令官マッカーサー（Douglas MacArthur, 1880～1964）は日本に対して助言を与える使節団を要請し，イリノイ大学名誉総長・ニューヨーク州教育長官のストッダート（George Dinsmore Stoddard, 1897～1981）を団長とした27名から組織された第１次使節団が同年３月に来日した。

日本側では，同使節団に協力することを目的として２月７日に日本側教育家委員会を発足させていた。東京帝国大学総長・南原繁（1889～1974）を委員長とし，戦前から教育改革を論じてきたメンバーを含む当時の教育界重鎮たちで組織された同委員会は，たんなる協力にとどまらず戦後教育の改革方針についての積極的な提言や働きかけを行った。これと並行して東京帝国大学教育制度研究委員会も組織され，**アメリカ教育使節団**や**日本側教育家委員会**に東京大学の見解を反映させる役割を果たすことになった。

学校制度改革では，当初アメリカ側では６・５制の学校制度を構想していた。これに対し，戦前以来の日本国内における改革論議（教育改革同志会や教育科学

表10－1　1946（昭和21）年2～3月における日米の教育改革構想

	アメリカ教育使節団	日本側教育家委員会	東大教育制度研究会
教育勅語の扱い	教育の根本を勅語によって定めるという方式は好ましくない	新たな教育勅語の公布を希望	勅語として教育の方針を交付することは反対
学校制度改革	小学校6年義務制・中学校3年義務制・高校3年。すべて男女共学を原則とし，教育の機会はまったく同様とする	小学校6年義務制・中学校3年義務制・高校3年・大学4または5年。高校とは別に青年学校定時制3年（その上に3年の研究科）を設け，研究科修了で大学への連絡の機会を与える	小学校5年義務制・中学校3年義務制・高校4年・大学4年。高校とは別に青年学校定時制4年（その上に3年の研究科）を設け，研究科修了で大学への連絡の機会を与える
国語国字問題	ローマ字の使用と漢字仮名の全廃。このような国語改革の好機会は今後来ないであろう	漢字の整理・制限，ローマ字学習に賛成。しかし教科書をすべてローマ字の横書きに改めるのは反対	漢字の制限，同音異義文字の整理，仮名文字の使用を奨励し，ローマ字の普及がなされること

出所：海後宗臣編『教育改革（戦後日本の教育改革　第一巻）』東京大学出版会，1975年から作成。

研究会の学制改革案）もふまえ東大案がまとめられ，次いで日本側教育家委員会案がまとめられ，米国側に提案されて6・3・3制になったという。

アメリカ教育使節団は約1か月の滞在で東京・京都・奈良の学校訪問などを行い，協議の結果を第1次**『アメリカ教育使節団報告書』**（以下『報告書』）として3月30日にまとめている。『報告書』は，戦前日本の教育では，官僚支配の中央集権化されたシステムのもと，偏狭な愛国心と忠誠心への服従を強いる教育目的と画一的なカリキュラムが運用されていたと厳しく批判した。そのうえで，新しい教育は個人の価値の尊厳を認識し，各人の能力と適性に応じて教育機会を与えるよう組織され，個人の持つ力を最大限に伸ばすことが基本であると勧告したのである。

具体的に，学校制度に関しては，6・3・3・4制の単線型学校体系や9年間の無償義務教育，男女共学，高等教育の門戸開放と拡大が提言された。教育行政では，民衆統制の原則のもと公選制教育委員会制度の創設が提言された。教員養成では，従来の暗記・詰め込み・形式的・画一的な教授法が批判され，師範学校に代わり総合大学で教員が養成されるべきとしている。社会教育分野では公共図書館や**公民館**の整備，**PTA**（Parent-Teacher Association，父母教師会），学校開放など，いずれも戦前日本には普及していなかった新たな方策が提言された。このほか，学校儀式における教育勅語と御真影の使用停止も勧告された。

これら改革案は，日本側教育家委員会の後身として『報告書』の内容を検討した**教育刷新委員会**の審議を経て実現されたものが多い。

（4）教育刷新委員会における審議

教育刷新委員会は，1946（昭和21）年８月10日に内閣総理大臣所轄のもとに設けられ，文部省から独立して自由に調査・審議などの活動を展開した。内閣総理大臣に提出した建議は35件にのぼり，その内容は「**教育基本法**」の制定，6・3・3・4制，教育の自主性の確保と教育行政の地方分権，教育行財政の整備，市町村および府県教育委員会の設置，教員養成，私学振興，社会教育の振興，大学の自由と自治など幅広いものであった。同委員会は1949（昭和24）年６月１日に（機構をそのままに）教育刷新審議会と改称し，1952（昭和27）年６月５日に解散された。その建議に基づいて翌６月６日に文部大臣のもとに設置された中央教育審議会は，文相の常設の諮問機関として現在に至っている。

教育改革の実現に向けた建議のほか，教育勅語体制から教育基本法体制への転換に及ぼした影響もあった。1946年９月４日，CI&E・文部省との会談で教育刷新委員会が独自の立場で審議することが決められ，９月25日の第２回総会で⑴教育勅語に類する新勅語の奏請はこれを行わないこと，⑵今後の教育の根本方針は新憲法の精神に則るべきことが確認された。教育刷新委員会の示した見解に従い，文部省は10月８日に文部次官通牒「勅語及詔書等の取扱について」を発し，教育現場における教育勅語の奉読を禁止した。さらにこの延長上に，1948（昭和23）年６月19日の衆参両議院における教育勅語の排除・失効決議がある。「日本国憲法」「教育基本法」の理念＝国民主権を確認しつつ，旧主権者の著作である教育勅語などの詔勅類の効力や指導性は認められないと，国会として意思表明をしたものであった。これをうけ，６月25日には文部次官から都道府県知事あてに，学校保管の教育勅語謄本類の回収徹底が通達された。

教育刷新委員会が示した見解は，天皇・国体主義の教育勅語と民主主義に基づく「教育基本法」とが併存できないという，当時の日本社会にとって重大な転換点について議論・確認するきっかけになったといえる。

2 「教育基本法」と新しい教育法制

（1）「教育基本法」の理念

「教育基本法」の理念は，同時に審議されていた「日本国憲法」と基調を同じくしている。1946（昭和21）年11月3日公布の「日本国憲法」では，民主主義の原理を確認し，これに反する戦前の一切の憲法，法令や詔勅の排除を宣言している。そして，教育に関して「思想及び良心の自由」（第19条），「学問の自由」（第23条），「教育を受ける権利」（第26条）などが定められ，学び成長する主体は国民一人ひとりにあるとした。これをうけて，戦前のような天皇の「勅令」ではなく，民主主義のもとで議決される「法律」として，1947（昭和22）年3月31日に「教育基本法」が公布された。

その構成は，前文のほか，第1条教育の目的，第2条教育の方針，第3条教育の機会均等，第4条義務教育，第5条男女共学，第6条学校教育，第7条社会教育，第8条政治教育，第9条宗教教育，第10条教育行政，これに補則がつけられた。前文，第1条と第2条で理念を掲げた点が特徴的であった。その前文では，「日本国憲法」の前文が示した国民主権や恒久平和をふまえて，新たな日本社会の進むべき方向を「民主的で文化的な国家」とし，「世界の平和と人類の福祉に貢献しようとする決意」を明記している。そして「この理想の実現は，根本において教育の力にまつべきものである」と述べて，教育こそが新たな社会の建設の基礎であることを宣言した。

第1条では「人格の完成」と「平和的な国家及び社会の形成者」の育成を教育の目的に掲げた。「人格の完成」は，制定過程の原案では「真理の探究と人格の完成」，その後の教育刷新委員会では「人間性の開発」という表現が論じられていた。翌1948（昭和23）年に国際連合が採択した「世界人権宣言」第26条でも，教育の目的が「人格の完全な発展」と記されており，当時の世界的な

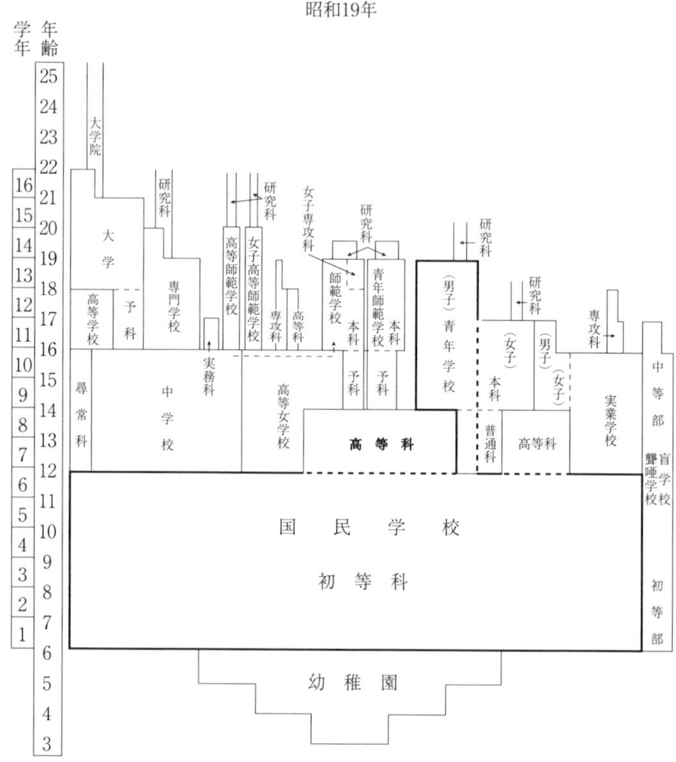

図 10－2　戦前の学校体系（昭和19年）

注：点線は同一の学校の中の課程の区別。
出所：文部科学省ホームページ「学制百年史　資料編」（https://www.mext.go.jp/b_menu/hakusho/html/others/detail/1318188.htm　2020年６月27日閲覧）から作成。

教育改革のなかに「教育基本法」も位置付いていたといえる。続く条文では，その具体的な人間像が「真理と正義を愛し，個人の価値をたっとび，勤労と責任を重んじ，自主的精神に充ちた心身ともに健康な国民」であると記されている。「個人の価値」や「自主的精神」とあるように，一人ひとりが自己のあり方を見定めていく姿，そうした学びと成長とが理想に掲げられたのである。

その理想を実現するため，第２条で「教育の目的は，あらゆる機会に，あらゆる場所において実現されなければならない」，第３条では「すべて国民は，ひとしく，その能力に応ずる教育を受ける機会を与えられなければならない」

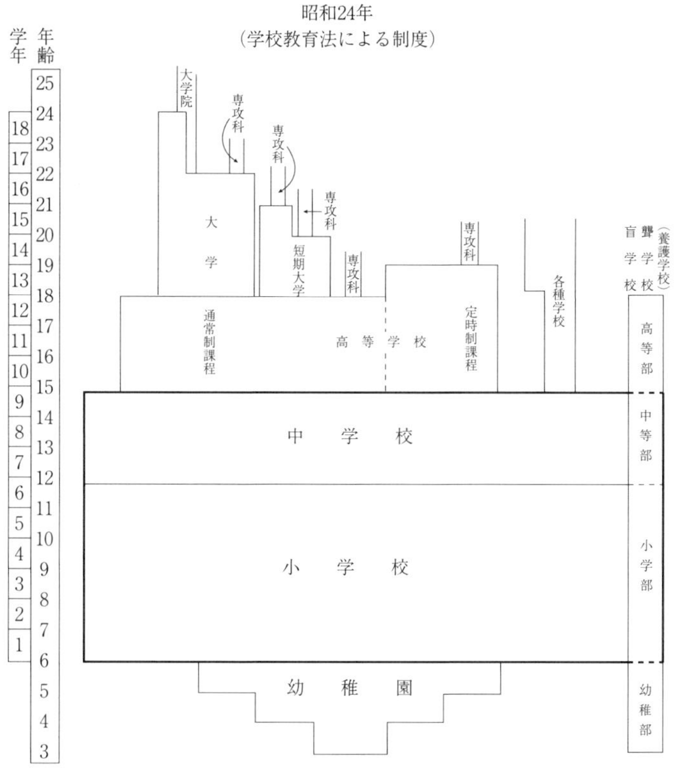

図 10－3　戦後の学校体系（昭和24年）

注：点線は同一の学校の中の課程の区別。
出所：図10－2と同じ。

と，その機会と場所の保障とが掲げられたのであった。これらの理念を具体化するため，「**学校教育法**」や「**社会教育法**」が制定されていくことになる。

（2）新学制の発足

「教育基本法」と同時公布された「学校教育法」では，6・3・3・4制の学校体系が定められた。図10－2，図10－3で，太字で囲まれた義務教育部分をみると，戦前は国民学校6年間に男子のみ青年学校義務制であったのに対し，戦後は9年間の義務教育内に男女すべての就学を保障するものであったことがわかる。もう一点，中等・高等教育機関を比較すると，戦前は細かく男女別・校種別に枝分かれ（複線化）していたのに対して，戦後は単線型であり，高等教育まで幅広く門戸が開放されたことがわかる。

義務教育期間が６年から９年に延長されたことは，戦前から高まっていた進学要求を背景に多くの国民に歓迎された。しかし敗戦後の混乱期にあり，当初から独立校舎を用意できた自治体はわずかであった。多くが小学校に間借りや，諸施設（旧軍施設や青年学校校舎など）を移築するなどの仮の姿を経て，1950年代にかけて校地・校舎を備えていった。

高校に関して，すべての人に教育機会を保障するため，「男女共学」と徒歩圏内で通学できる「小学区制」，あらゆる学習ニーズに対応できる「総合制」という「**高校三原則**」が掲げられた。しかし，男子校・女子校の伝統を地域に残そうという反対運動，商業・工業・農業など複数学科を備えることの現実的な困難さ，GHQ 地方軍政部の意向などさまざまな要因により，都道府県によって実施状況はバラバラであった。

戦後の新制大学は1949（昭和24）年度に発足している。CI&E は，都市に集まりがちな大学への就学機会を幅広く保障するため，都道府県に原則一つの国立大学を設ける方針を貫くように要請した。このため官公立の専門学校や高等学校，教員養成学校，旧大学などを母体に69の国立大学が設けられた。私立高等教育機関も新制大学に合わせて再編統合された。このほか，大学の基準に達しない学校もあり，暫定措置として２～３年制の短期大学とすることが認められた。1952（昭和27）年段階の新制大学は220校，短期大学は204校という状況であった。

（3）社会教育の改革

新学制による青年学校の廃止は，学習の場を失う16～19歳の青年たちをも生み出していた。そのなかには，自主的に学校や公民館などに集い，戦時中の学力不足を補い，時事問題や農業技術，文化文芸などを学ぶ活動を行う者たちがいた。1948（昭和23）年以降，これを行政側が組織・運営する動きが広がり，1951（昭和26）年度には文部省も社会教育行政の一つに組み込む。中学校卒業後から20歳ぐらいまでの勤労青年を対象とした社会教育講座を「**青年学級**」と定め，自主性を基調に，地域性と職域性を尊重し，市町村や青年団体が学習の場を設けるものとして，著しい普及をみた。

公民館もまた，戦後新たに全国各地に開設・普及したものである。1946（昭和21）年 7 月の文部次官通牒「公民館の設置運営について」では，戦前の社会教育が住民の意向と離れて組織・運営されていたのに対し，公民館を人々が自由に集まり学び合い，政治・文化・産業などさまざまな町村振興の力を生み出す場としていた。

この理念は1949（昭和24）年 5 月31日の「社会教育法」に引き継がれ，戦前の国家に主導された社会教化としての性格から，国民の学ぶ権利，自己教育の理念に基づいた公民館の設置など社会教育施設の充実が目指された。これをうけ，1949年から1950年にかけて施設・設備・職員などの整備が著しく進んだ。

戦後教育改革のなかで新たに設けられた社会教育団体に，PTA がある。『報告書』では，戦前日本にあった学校後援会とは異なり，父母と教師が対等な立場で，自主的な学校運営を目指す組織として設立を奨励していた。1947（昭和22）年 3 月には文部省が『父母と先生の会――教育民主化の手引』を全国に配布し，各学校すべての父母が参加することを要請したので（なおモデルとなったアメリカでは自由参加であった），短時間に著しい普及をみせた。1950（昭和25）年 1 月段階で，小・中・高校合わせて 3 万 3 千校，結成率は小学校93%，中学校89%，会員数は約150万人に達していた。1952（昭和27）年 9 月には「日本父母と先生全国協議会（日本 PTA）」結成大会が開かれ，全国的な組織化も進んでいった。父母と教師が対等な立場でかかわり合う場という理念が広く一般化する一方で，全員参加の性格ゆえに，自主的運営の困難さを抱えていくことにもなった。

（4）教育委員会の発足

戦前の教育行政は，都道府県学務部長が官僚の全国人事で数年ごとに入れ替わり，トップダウン型であった。『報告書』はこれを否定し，**教育委員会**の設置により，「教育の自主性の確立」「教育行政の独立」「教育の地方分権」の三原則の実現を要請していた。

これをうけ，1948（昭和23）年7月公布の「**教育委員会法**」では，第1条に「教育が不当な支配に服することなく，国民全体に対し直接に責任を負って行われるべきであるという自覚のもとに，公正な民意により，地方の実状に即した教育行政を行うために，教育委員会を設け」ると定めた。各都道府県7人，市区町村5人の教育委員のうち1人は当該地方公共団体議会議員から選ばれ，そのほかは住民による選挙（任期4年，2年ごとに半数改選）とされた。教育委員会には教育長を置くこととし，教職員の免許状を有するもののなかから教育委員会が任命することとされた。教育委員会事務局には戦前の視学に代わり指導主事を置き，教員に命令や監督をしてはならず，助言と指導をする相談役であるべきとした。こうして，公選制で選ばれた教育委員会が教育現場の専門性・自主性を尊重して教育行政を担う姿が掲げられたのであった。

3　教師像の再定義と教育課程の自主的編成

（1）戦後の教員養成・研修制度

『報告書』では，「教師の最善の能力は，自由の空気の中においてのみ十分に発揮される」と述べ，教師の自律性・自主性・創造性の尊重を掲げていた。教育刷新委員会の議論でも，戦前までの教師たちが視野が狭く，偽善的，陰湿，卑屈，偏狭などと批判され，師範学校を廃止して新制大学において広く教員養成を行うあり方が提起された。これらの議論をうけ，1949（昭和24）年の新制大学発足に際して師範学校は学芸大学・学芸学部・教育学部などに再編された。併せて同年5月の「**教育職員免許法**」では，大学等に一定期間在学し，教職課程を履修すれば教員免許状取得資格が与えられることが定められた。ここに現在に至る，すべての大学・学部で教員養成が行える「**開放制**」が成立したのである。

また同年に制定された「**教育公務員特例法**」では，「職責を遂行するため」に「絶えず研究と修養に努めなければならない」と，現職教育・教員研修を重視する方向が打ち出された。これは，戦前に各道府県や郡市区町村単位の教育会が担ってきた教員研修のあり方を，より民主的に再編する方向性も伴っていた。1946（昭和21）年12月にGHQは日本教育会に対し，校長層がリードするあり方から中堅・若手・女性教員の声を反映させた民主的な組織への脱却と，教員研修の転換を求めた。これに応じて全国各地では教育会の解散・再編が相次ぎ，近隣校の教員たちが自ら集まる教育研究サークルや，教科・領域・校種別の教育研究団体が続々と生み出されていった。

教員研修の新たな場として**教育研究所**の設立も推奨された。1946年12月27日の教育刷新委員会第1回建議に盛り込まれたことを受け，翌年3月に文部省が「教育研究所開設に関する件」を発した。1949年5月に設けられた「国立教育研究所」の初代所長・城戸幡太郎（きどまんたろう）（1893～1985）は，教育行政からの独立性・自主性と高い調査研究力を持つべきと考えていた。戦後復興期の混乱のなか，現実には兼任体制でスタートした例がほとんどであるが，1950（昭和25）年前後をピークに国・地方自治体・教員組合・師範学校（大学）による設立が相次いだ。この時に都道府県立教育研究所の基盤が形作られ，現在に至る。

（2）1947年版『学習指導要領一般編（試案）』と初期社会科

高い専門性と自主性を備えた教師集団への期待は，1947（昭和22）年3月の**『学習指導要領一般編（試案）』**において，教育課程の自主的編成が推奨された点にも貫かれている。

表10－2は，小学校の各学年における教科等の標準授業時数である。注目すべきは4年生以上で時数に幅がある（「○─○」と表記）点であろう。各学校・教師が目の前の子どもや地域社会の特徴に応じて，何を教え，何が学ばれるべきかを選択可能にしたものであり，「たとえば，学芸会，全校運動会，農繁期の手伝いといったことの教育的価値を認めるならば，そのために，十分の時間をとっておくようにしなければならないし，理科の指導は，自然の活動の盛な時に，多くの時間をあてるように計画する」と例示されていた。この考えは中学校版でも貫かれ，選択科目（外国語・職業・自由研究）で週当たり1～4時間の幅が設けられた。

もう一点，目を引くのが算数よりも戦後の新設教科・社会に多くの時数が配

表10－2　1947年版『小学校学習指導要領』で示された標準授業時数

教科＼学年	1	2	3	4	5	6
国　語	175（5）	210（6）	210（6）	245（7）	210―245 （6―7）	210―280 （6―8）
社　会	140（4）	140（4）	175（5）	175（5）	175―210 （5―6）	175―210 （5―6）
算　数	105（3）	140（4）	140（4）	140―175 （4―5）	140―175 （4―5）	140―175 （4―5）
理　科	70（2）	70（2）	70（2）	105（3）	105―140 （3―4）	105―140 （3―4）
音　楽	70（2）	70（2）	70（2）	70―105 （2―3）	70―105 （2―3）	70―105 （2―3）
図画工作	105（3）	105（3）	105（3）	70―105 （2―3）	70（2）	70（2）
家　庭					105（3）	105（3）
体　育	105（3）	105（3）	105（3）	105（3）	105（3）	105（3）
自由研究				70―140 （2―4）	70―140 （2―4）	70―140 （2―4）
総時間	770（22）	840（24）	875（25）	980―1050 （28―30）	1050―1190 （30―34）	1050―1190 （30―34）

注：（　）内は週の時間数。１単位時間は45分である。
出所：文部科学省ホームページ「学習指導要領　一般編－試案－（抄）（昭和二十二年三月二十日）」（https://www.mext.go.jp/b_menu/hakusho/html/others/detail/1318000.htm　2020年６月27日閲覧）。

されている点である（同じく新設教科に家庭科・自由研究がある）。戦前までの修身・地理・歴史が価値観や知識の詰め込みに終始し，子どもの内発的な学習意欲や学習活動を軽視していたことへの反省に基づき，身近な社会生活を理解し，自ら進んで追究する姿勢を育むことが重視された。この方針のもと，各地で地名や学校名を冠した「〇〇プラン」と呼ばれる自主的な教育課程編成・教育実践がさまざまに生み出された。とくに文部省の実験学校となった東京都港区桜田小学校「桜田プラン」や神奈川県足柄上郡福沢小学校「福沢プラン」，そして埼玉県川口市で市民の協力を得ながら地域に根ざした教育計画を策定した「川口プラン」などが多くの教師たちの注目を集めた。

（3）民間教育研究団体の誕生

これらの教育実践をリードしたのが，1948（昭和23）年10月に結成された民間教育研究団体「**コア・カリキュラム連盟**」であった（1953年「**日本生活教育連盟**」と改称）。子どもの生活経験や興味・関心をもとに日常生活の課題解決を学ぶ「生活単元学習」を中心課程（コア）とし，そのために必要な知識・技能を周辺課程に組織して，各教科間や教科外活動との関連のなかで子どもの学びを進めていく試みであった。

子どもに生活現実を見つめさせる教育実践は，戦前の生活綴方教育でも行われていたものである。1950（昭和25）年7月には「**日本綴り方の会**」（1951年9月「**日本作文の会**」と改称）が結成され，山形県の中学校教師・無着成恭（1927～）の『**山びこ学校**』（1951）に収められた，子どもが自ら貧困や生活現実を綴り・考え合い・行動するという実践が大きな反響を呼んだ。

一方で，民間教育研究団体のなかには教科に関する知識の系統性を重視する立場から，上記のような戦後新教育を批判したものもある。遠山啓（1909～1979）を中心とする「数学教育協議会（数教協）」（1951年結成）や「歴史教育者協議会（歴教協）」（1949年結成），「日本民主主義教育協会（民教協）」（1947年発足）などが代表的な存在であり，民教協のメンバー矢川徳光（1900～1982）は『新教育への批判』（1950）のなかで「**はいまわる経験主義**」と批判を述べた。

これら戦後直後の活発な民間教育研究団体の動きは，戦後教育の可能性が多様に模索され，教育学者・教師たちの多くを惹きつけた証拠でもある（表10-3）。1951（昭和26）年11月には，全国最大規模の教職員組織「**日本教職員組合（日教組）**」（1947年6月結成）が第1回研究大会を開き，労働運動にとどまらず教育研究活動にも踏み出している。

4　戦後教育改革の遺産とは何か

本章で辿ってきたように，その転換点となった戦後教育改革とは，占領下という状況のなかで戦前日本の教育（ひいては自分自身の過去）と向き合い，批判と克服か，継承と発展かを思い描く「模索」の連続であった。その結果として

表 10－3　終戦直後の民間教育研究運動・教育実践

年	民間教育研究運動・文部省の動き	教育実践記録・教育関連書籍
1945（昭和20）年	12月　在京有志十数名により「日本民主主義文化連盟」加盟の教育研究団体の結成準備会	—
1946（昭和21）年	1月　民主主義科学者協会 4月19日　日本民主主義教育研究会（民教）結成	—
1947（昭和22）年	11月　民教から全国的単一組織である日本民主主義教育協会（民教協）結成準備委員会 12月26～27日　民教協結成大会 『学習指導要領一般編（試案）』1947年版	石橋勝治『社会科指導の実際』 古川正義・室井光義『桜田カリキュラム』 中央教育研究所・川口市社会科委員会共編『社会科の構成と学習』
1948（昭和23）年	10月20日　コア・カリキュラム連盟結成（1953年～日本生活教育連盟） 児童劇作家協会結成	石橋勝治『私たちの討論会』
1949（昭和24）年	4月　日本学校劇連盟再建 7月4日　歴史教育者協議会結成 12月　民教協が軍政部の圧迫により自然解消 『カリキュラム』創刊	奈良女子高等師範学校附属小学校学習研究会編『たしかな教育の方法』 千葉県北条小学校『コア・カリキュラムの構成と展開』 大田堯『地域教育計画』 神奈川県福沢小学校『生活カリキュラム』
1950（昭和25）年	7月1日　日本綴り方の会結成（1951年9月～日本作文の会） 12月　教師の友の会	今井誉次郎『農村社会科カリキュラムの実践』 矢川徳光『新教育への批判』 文部省『小学校社会科指導法』 香川県社会科教育研究会『社会科における思考の構造』
1951（昭和26）年	4月　児童言語研究会結成 7月1日　『学習指導要領一般編（試案）』改訂版刊行 11月10日　日教組　第1回全国教育研究大会（日光） 11月　雑誌『教育』復刊 12月　数学教育協議会結成 12月　日本教育版画協会 教育史研究会発足 日本文学協会国語教育部会結成 新しい画の会結成	3月5日　無着成恭『山びこ学校』 国分一太郎『新しい綴方教室』 大関松三郎『山芋』 今井誉次郎『まいにちの社会科記録』 後藤彦十郎『魂あいふれて』 神奈川県福沢小学校『農村地域社会学校』

出所：筆者作成。

選択されてきたのが教育基本法体制であり，そこから6・3・3・4制の単線型学校体系，公民館やPTAといった社会教育の姿，教育委員会制度，子どもの生活経験や教科の系統性をめぐる教育実践とその論議などが紡ぎ出されてきた。諸改革のなかには，その後に改編されたものや，実現が難しかったものもある。大切なのは改編や困難を「なぜ」と問う視点である。それは「初発」の姿を知らなければ生まれようもない。本章がその一助となれば幸いである。

2020（令和2）年を基点に考えるとき，1947（昭和22）年にはじまった教育基本法体制は約75年間という時間を経てきたことになる。教育勅語体制の約55年間と比べて20年長く，明治維新以来の約155年間のなかでは過半の時間を，日本社会は教育基本法体制のもとで歩んできている。その延長上にいるという自覚と，次世代を担う意識を持つことができるか。何を遺産として継承し，何を改めるべきと考えるのか。未来の教育改革を考えようとする時，この時代が投げかけるメッセージは少なからぬものがある。

学習課題

① 1947（昭和22）年に制定された「教育基本法」の条文から，あなた自身の教育体験や価値観に照らして「最も語り継ぐべき」と考えるものを一つ選ぼう。

② 上記①の選択理由について，自分の言葉で考えて，わかりやすく論述してみよう（200字または400字程度）。

③ 次のなかから一つを選び，本章で学んだ当初の姿をもとに話し合ってみよう。

(1)6・3・3・4制は今後も維持すべきか否か。

(2)公民館は人々の学びや地域振興の場として機能しているか。

(3)子どもに生活現実を見つめさせる教育実践は学力低下につながるのか。

引用・参考文献

臼井嘉一監修『戦後日本の教育実践――戦後教育史像の再構築をめざして』三恵社，2013年。
大槻健『戦後民間教育運動史』あゆみ出版，1982年。
海後宗臣編『教育改革（戦後日本の教育改革　第一巻）』東京大学出版会，1975年。
梶山雅史編『近現代日本教育会史研究』不二出版，2018年。
川合章『教育研究　創造と変革の50年――人間の教育を求めて』星林社，1999年。
久保義三『新版昭和教育史――天皇制と教育の史的展開』東信堂，2006年。
久保義三ほか編『現代教育史事典』東京書籍，2001年。

佐藤幹男『戦後教育改革期における現職研修の成立過程』学術出版会，2013年。
田中耕治編『時代を拓いた教師たち――戦後教育実践からのメッセージ』日本標準，2005年。
日本民間教育研究団体連絡会編『明かるい学校・あかるい教育　5（1949年2月号～1950年3月号）復刻版』教育史料出版会，1979年。
浜田陽太郎ほか編『戦後教育と私――改革をになった人たちの証言』日本放送協会出版会，1979年。
水原克敏『学習指導要領は国民形成の設計書――その能力観と人間観の歴史的変遷』東北大学出版会，2010年。
明星大学戦後教育史研究センター『戦後教育改革通史』1993年。
山本正身『日本教育史――教育の「今」を歴史から考える』慶應義塾大学出版会，2014年。

第11章

高度経済成長下の教育
──講和・独立から「四六答申」──

サンフランシスコ講和条約の発効によりわが国は独立・主権の回復を果たしたが，戦後教育改革の成果と評価をめぐる政治的対立が激しさを増していた。こうしたなかで教育政策は，教員の政治的な活動を規制し，一方で道徳教育の強化を図るなど，中央集権的な方針にあった。また高度経済成長を迎えたわが国は，教育が経済の論理で政策化されていく側面があった。こうしたなかで戦後20年を経ての新たな人間像の模索や教育制度の抜本的改革が進められた。教育は，教育の論理のみで展開していくものではなく，多分に経済や政治といった社会の影響のもとで構想される。こうした背景のなかで，教育の制度化がいっそう推し進められていった時期であったことを確認する。

1　講和・独立後の教育再編

（1）教育行政・制度の再編

1952（昭和27）年４月，わが国はいわゆるサンフランシスコ講和条約の発効により，主権を回復した。こうして独立国家として歩み始めたわが国であったが，これを契機に教育はその行政や制度に関する再編成に着手した。

1952年６月，**中央教育審議会**が設置された。中央教育審議会は，文部大臣の諮問に応じて，わが国の文教行政に関する基本的な重要施策について調査審議し，文部大臣に建議する機関とされ，その委員は内閣の承認を経て文部大臣によって任命される20名以内で組織するものとされた。1953（昭和28）年７月，第１回答申として「義務教育に関する答申」を出した。本答申では，戦後教育改革の基本理念である民主主義を引き継ぎつつ，実情に即した是正を行うとし，学校制度に関しては６・３制を堅持すること，教育委員会制度に関してはその意図する教育の中立性と自主性の樹立に向けて現行法通りとし，教員についてはその身分は都道府県の教員とすることが望ましく，その養成は４年課程を原則とすることなど，戦後教育の再検討が提言された。

1952年７月，「文部省設置法」が一部改正され，文部省は，教育・学術・文化等に関する国の行政事務を一体的に遂行する責任を負う行政機関であることが示された。そして，従来の文部省の権限であった指導助言に勧告が加えられたことで，監督行政という傾向が強まった。こうした文部省の監督行政としての立場は，とりわけ初等・中等教育の教育内容に関する事項において顕著となった。具体的には，「**学習指導要領**」の作成は，将来的に教育委員会に委ねられる含みが残されていたが，この一部改正により，当分の間は文部省によって行われることとなった。また，1953年８月，「学校教育法」の一部改正により，従来「監督庁」の権限であった教科書検定が，文部大臣の権限に変更された。

こうした文部省の監督権および文部大臣の権限の強化は，教育行政の戦後の地方分権から中央集権への転回をあらわす動向ともいい得るものであったが，以降この傾向はいっそう推し進められていくことになった。たとえば，1955（昭和30）年11月，自由党と日本民主党との保守合同によって自由民主党が結党され，いわゆる55年体制が成立したが，政府は自由民主党の方針に基づいて，同年から開催された国会に三つの教育関連法案を提出した。一つは，「臨時教育制度審議会設置法案」で，「**教育基本法**」の改正を含め，教育制度全般にわたる改革を審議するための中央教育審議会とは別に内閣の諮問に応じる審議機関の設置を求めるものであり，もう一つは「地方教育行政の組織及び運営に関する法律案」で，教育委員会の公選制を首長の任命制に改め，教育行政の集権化と一体化を図ろうとするもの，もう一つが「教科書法案」で，教科書検定制度を強化するものであった。これらの「教育三法案」のうち，「臨時教育制度審議会設置法案」と「教科書法案」は結果的には廃案となったが，「**地方教育行政の組織及び運営に関する法律案**」は強行採決という形で可決となった（しかし，「教科書法案」はその後の行政措置や行政指導により，法案の実質的部分が実施されていく）。

そして，1956（昭和31）年6月，「地方教育行政の組織及び運営に関する法律」が成立した。これにより，同年9月，「教育委員会法」は廃止され，都道府県および市町村すべてに教育委員会が置かれることとされたが，教育委員の選任方法を地方公共団体の首長が議会の同意を得て任命することとされた。

こうした「教育三法案」の提出と「地方教育行政の組織及び運営に関する法律」の成立に対しては，戦後の教育行政の基本方針であった教育行政の地方分権，民意の直接的反映，官僚統制の排除という方針を修正するものとして，議会内外で強い反対の運動が繰り広げられた。

（2）政治的中立性と「教育二法」

中央教育審議会は，第1回の答申を出して以来，その後もさまざまな審議を積み重ねていくが，1954（昭和29）年1月，第3回答申として「教員の政治的中立性維持に関する答申」を出した。本答申は，公務員の身分を有する教員の政治的活動の禁止と政治的中立性の確保を趣旨とするものであったが，そのなかで日本教職員組合（日教組）が名指しで挙げられ，その行動を政治的，偏向的と批判する形で，教育の政治的中立性の確保が提言された。

こうした背景には，1947（昭和22）年の結成以来，教職員の組織する最大の教員団体となった日本教職員組合が，1952（昭和27）年に開催した定期大会で「教師の倫理綱領」を制定して以降，階級闘争の立場から政府・与党批判を強め，戦う日教組を強く打ち出した経緯があった。さらに，1953（昭和28）年に山口県教職員組合が自主教材として編集した『小学生日記』『中学生日記』が政治的に偏向していたと指摘されたいわゆる「山口日記事件」，1954年に京都市立旭丘中学校で行われた教育に対する京都市教育委員会の是正勧告および3名の教員に対する転任勧告とその拒否をめぐる「旭丘中学校事件」などに代表される事件の影響もあった。これに関連しては，1955（昭和30）年，日本民主党が『うれうべき教科書の問題』（全3集）と題したパンフレットを刊行した。本パンフレットには，偏向教科書のタイプとして⑴教員組合とその活動を無条件に支持するもの，⑵急進的，破壊的な労働運動を推進するもの，⑶ソ連・中共をことさら賛美・美化するもの，⑷マルクス・レーニンの思想をそのまま子どもに植え付けようとするものという分類が示されたうえで，それぞれの内容が政治的中立性の観点から批判された（一方で，教科書の執筆者や歴史系の学会は反論を加えた）。

こうしたなかで政府・文部省は，「教員の政治的中立性維持に関する答申」を拠り所に，1954（昭和29）年６月，「教育公務員特例法の一部を改正する法律」および「義務教育諸学校における教育の政治的中立の確保に関する臨時措置法」のいわゆる**「教育二法」**を公布した。前者は国家公務員に課せられている政治的行為の制限・禁止の規定を教育公務員に対しても適用させることを目的としたものであり，後者は特定の政党等を支持または反対させるための教育を教唆・煽動した教職員に懲役または罰金を科すことを規定したものであった。この「教育二法」に対しては日教組をはじめ，さまざまな教育関係団体が反対の意向や批判的見解を示した。

また，先の「地方教育行政の組織及び運営に関する法律」では，公立の小学校・中学校・高等学校の教員に対して，その勤務評定（勤評）を県費負担の教職員については都道府県教育委員会の計画のもとに市町村教育委員会が行うと規定していた。しかし，愛媛県教育委員会を皮切りに，1956（昭和31）年から1960（昭和35）年にかけて，教員の勤務評定をめぐる文部省と日教組の対立は激化し，法廷闘争に至るまでに発展した。勤務評定は，政治的中立性の確保のために必要とする文部省に対し，日教組はこれが教職員の組合活動を抑制し，教育への権力統制を強化すること，教職員の職務になじまないことなどを理由に反対した。1958（昭和33）年４月，東京都教職員組合の組合員全員が一斉休暇を取った「一斉十割休暇闘争」は，その後福岡，和歌山，高知でも行われ，また同年９月には正午で授業を打ち切る「全国統一行動」を行った。こうした**「勤評闘争」**とも呼ばれる事態は，文部省対日教組という図式で表現される政治的対立をいっそう際立たせることとなった。また，1961（昭和36）年，文部省が実施した中学校の全国一斉学力調査（学テ）は，学力調査裁判（学テ裁判）へとつながった。本学テを「学習指導要領」の到達度をはかり教育課程に関する諸施策の策定を目的に行うとした文部省であったが，日教組は教育内容の国家統制や教育課程の押し付けであるとしてその実施に抵抗した。

このように講和・独立後の教育行政・制度の再編は，一つには教員や教育委員会を対象とするものであり，その管理，監督的指向を強化するものであった。

2 「学習指導要領」と道徳教育の強化

(1) 新教育批判と「昭和33年版学習指導要領」

1950年代に入ると，戦後の新教育における理論や実践を再検討する動向が生じてきた。とりわけ，新教育が批判にさらされる契機となったのが，学力低下問題であった。1950年代はじめに日本教育学会が「義務教育終了時の学力調査」，国立教育研究所が「学力水準調査」，日教組が「国語・算数・数学の学力調査」をそれぞれ実施した。これらの学力調査の結果では，確かに児童生徒のいわゆる読・書・算の能力が低下していると考えられる実態が明らかとなったが，それが戦後の新教育に起因するとの実証的なデータを示し得たわけではなかった。学力低下の要因には，教員養成や教育課程といった制度上の課題，戦災や貧困などの社会上の問題などさまざまなものが挙げられた。

こうしたなかで，いわゆる**基礎学力論争**が展開され，新教育が議論の争点となった。すなわち戦後の新教育において展開された問題解決学習，生活単元学習，コア・カリキュラムなどの取り組みに対して，経験や生活を重視するあまり，知識や学問の系統性を軽視したものとして「**はいまわる経験主義**」との象徴的な批判が提示された。

1958（昭和33）年３月，教育課程審議会は「小学校・中学校教育課程の改善について」を答申した。本答申は，後述する道徳教育の徹底を筆頭に，基礎学力の充実と科学技術教育の向上を方針とした教育課程の改善が提起された。本答申に基づいて，同年10月，「**昭和33年版学習指導要領**」（表11-1，表11-2）が出された。これ以前の「学習指導要領」には「試案」との文言が付されていたように，教育活動における教師の主体性を前提に，各教師が創造的な授業実践を行っていくための手引きという性格であった。これに対して「昭和33年版学習指導要領」は，『官報』に告示され，法的拘束力を有する教育課程の国家基準としての性格を持つこととなった。

表11－1　「昭和33年版学習指導要領」における小学校の教科等と年間授業時数

学年＼教科	国語	社会	算数	理科	音楽	図画工作	家庭	体育	道徳	総時間
1	238	68	102	68	102	102	—	102	34	816
2	315	70	140	70	70	70	—	105	35	875
3	280	105	175	105	70	70	—	105	35	945
4	280	140	210	105	70	70	—	105	35	1015
5	245	140	210	140	70	70	70	105	35	1085
6	245	140	210	140	70	70	70	105	35	1085

注：１単位時間は，45分とする。年間授業日数を35週（第１学年は34週）とする。
出所：水原ほか，2018。

表11－2　「昭和33年版学習指導要領」における中学校の教科等と年間授業時数

学年＼教科	必須教科								選択教科										
	国語	社会	数学	理科	音楽	美術	保健体育	技術・家庭	外国語	農業	工業	商業	水産	家庭	数学	音楽	美術	道徳	特別教育活動
1	175	140	140	140	70	70	105	105	105	70					—	35	35	35	35
2	140	175	140	140	70	35	105	105	105	70					—	35	35	35	35
3	175	140	105	140	35	35	105	105	105	70					70	35	35	35	35

注：１単位時間は，50分とする。
出所：表11－１と同じ。

その趣旨は，従前の経験主義的な教育課程から，系統主義的な教育課程への転換といえるものであった。具体的には，基礎学力や科学技術教育が重視されることとなり，小学校では国語，算数の授業時数が増加し，中学校では，たとえば地理的分野を１年生，歴史的分野を２年生，政治・経済的分野を３年生で学習させることを原則とし，理科では第１分野を物理的，無機化学的内容とし，第２分野を生物的，地学的，生化学的，化学工業的なものにするなど，系統主義の観点から教育課程が編成された。また，高等学校は，それをわが国の産業発展を担う人材育成の学校と捉え，能力・適性・進路に応じた課程別の教育を基本に基礎学力と科学技術教育の充実を企図した。こうして教師や学校を教育実践の主体者として位置付け，児童生徒の興味・関心や生活経験を基軸に据えた戦後の新教育の方向性は，ここに至って教育課程を国家や文部省が主導する方向性へと転換したといえるのであった。

（2）社会科の変容と道徳教育の充実

戦後教育の見直しは，教育行政・制度の再編にとどまらず，教育課程や教育内容に関する施策にも及んだ。その一つが，戦後の新教育の象徴として登場した社会科のあり方に関するものであった。1947（昭和22）年9月から実施されていた社会科には，道徳教育的な役割も課されていたが，社会科と道徳教育の関係は曖昧なままにあった。戦後教育において道徳教育は全教育課程を通じて行われるものとされていたが，そのなかでの社会科のあり方（とともに道徳教育のあり方）が問われたのであった。

1953（昭和28）年8月，教育課程審議会は「社会科の改善に関する答申」を出した。本答申には，一方で社会科が戦後の民主主義の基本的な要素を育成する上で一定の役割を果たしてきたことを評価しつつ，他方で児童生徒の地理や歴史に関する基本的な知識の習得と，道徳に対する理解や道徳的判断力の養成が不十分であると指摘されていた。そして，社会科が今後も道徳教育に貢献していくべき重要な教科ではあるものの，社会科だけで道徳教育が行われるわけではなく，学校教育全体で行っていくべきことが改めて確認されている。

本答申が出された後には，中央教育審議会から「社会科教育の改善に関する答申」が出され，さらに，1953年8月，文部省から「社会科の改善についての方策」が発表された。そして，これらに基づいて，1955（昭和30）年12月，小学校および中学校の「学習指導要領　社会科編　改訂版」が出された。「まえがき」には改訂の要点の一つとして，地理，歴史，政治，経済，社会に関する知識の習得と，道徳の理解や道徳的判断力の育成を系統的に行うことが社会科の役割であることが明記された。このように社会科は，「昭和33年版学習指導要領」を先取りする形で，系統主義に基づく教育課程へと変容したのであった。

しかし，こうして見直された社会科のあり方には，依然としてさらなる変容を求める動向もあった。つまり，道徳教育を独立した形で実施するあり方を模索するものである。先の1958年３月に教育課程審議会から出された答申「小学校・中学校教育課程の改善について」には，基礎学力の重視のほかにもう一つ大きな教育課程の改善について提言されていた。それは道徳教育の充実に向けて小学校および中学校に「**道徳の時間**」を特設するというものであった。本答申には，道徳教育が学校の教育活動の全体を通じて行われるという従前のあり方は踏襲するとしながらも，そのいっそうの徹底を図るために新たに「道徳教育のための時間」を特別に設置することが記されていた。

こうした社会科のあり方を見直すことと連動する形で，道徳教育のあり方に関する抜本的な改革が進められようとしていた。こうした動向には，昭和20年代半ばに文部大臣であった天野貞祐（あまのていゆう）（1884～1980）が提起した修身科復活発言や「国民実践要領」発表などが背景にあり，道徳教育問題はこの後の「道徳の時間」の設置に関する議論へと連続していくものでもあった。

（３）「道徳の時間」の成立

1958（昭和33）年８月，「学校教育法施行規則」が一部改正され，小学校および中学校の教育課程において，「道徳」が「各教科」「特別教育活動」「学校行事」と並ぶ一つの領域として位置付けられた（なお，「道徳」は，同年の９月１日から施行)。この「道徳の時間」の成立により，文部省から小学校および中学校の「学習指導要領　道徳編」が告示され，「道徳の時間」の目標，内容，指導計画作成，指導上の留意事項が明らかにされた。その目標には，小学校では，⑴日常生活の基本的な行動様式の理解，⑵道徳的心情および道徳的判断力の育成，⑶個性の伸長と創造的な生活態度の確立，⑷民主的な国家・社会の成員としての道徳的態度と実践的意欲の育成の四つが挙げられ，これに基づきさらに具体的な教育内容が示された（中学校は，⑵と⑶が結合した三つの内容から構成)。

この「道徳の時間」の推進に向けては，1958年９月，文部省から『小学校道徳指導書』および『中学校道徳指導書』が出された。本書は，「学習指導要領」のさらなる理解と，「道徳の時間」および学校における道徳教育の実践に必要な具体的指針を示し，その指導の充実に資するために作成された指導書であった。また，同年 9 月，文部省の主催で「道徳教育指導者講習会」が全国各地で開催された。本講習会は，「道徳の時間」，小学校および中学校の「学習指導要領　道徳編」の趣旨の普及を図る目的で，会場は東京，仙台，奈良，徳島，別府の全国 5 会場で，日程はそれぞれ 4 日間で行われた。

文部省は，「道徳の時間」の着実な実施に向けた施策を積極的に図ったが，この講習会の開催に対しては，日教組，労働組合，全日本学生自治会総連合による激しい妨害があり，いずれの会場でも大きな混乱が生じた。1958年 8 月，日教組からは「時間特設・独立教科による『道徳』教育について」が発表され，「道徳の時間」への反対の立場が表明された。実際に講習会に対して妨害活動が行われ，会場の変更や警官隊が動員される事態に至った。

このように文部省と日教組の対立は，同時期に起きていた「勤評闘争」と連動する形で，「道徳の時間」においても生じたのであった。

「道徳の時間」の成立から 5 年後の1963（昭和38）年 7 月，教育課程審議会は「学校における道徳教育の充実方策について」を答申した。本答申には，今後の道徳教育の充実方策の一つとして，教師用の資料や児童生徒用の読み物資料の充実が挙げられていた。また，1965（昭和40）年 1 月，文部省から「道徳の読み物資料について」が出され，「道徳の時間」の読み物資料の具備すべき要件が挙げられた。

そして，1964（昭和39）年から1966（昭和41）年にかけて，文部省から小学校および中学校の『道徳の指導資料』が刊行された。この資料は，教師用書として各学年ごとに編集され，たとえば，『小学校道徳の指導資料』には「橋の上のおおかみ」「二羽の小鳥」「泣いた赤おに」など，これ以降の定番資料となるものが掲載されていた。こうして「道徳の時間」で活用される資料の充実に向けた施策が，文部省の主導によって推し進められていったことで，その後「道徳の時間」では読み物資料の活用が促されていくこととなった。

このように「昭和33年版学習指導要領」では，基礎学力，科学技術教育に加えて，道徳教育の充実も柱とされており，その中心的な役割を担うとされたのが「道徳の時間」であった。

3　高度経済成長と教育

(1)「期待される人間像」

1950年代半ばから1970年代初頭にかけてのわが国の経済は，いわゆる高度経済成長と呼ばれる飛躍的な成長を遂げることになった。1962（昭和37）年11月，文部省は『日本の成長と教育――教育の展開と経済の発展』を発表した。本書の書名に象徴されるように，この時期教育は経済や産業の発展に寄与する質の高い労働力の確保という観点から経済成長と関連付けられて語られるようになり，いっそうの経済成長を促す教育政策や教育改革が模索されていくこととなった（1968年，わが国の国民総生産は，アメリカ合衆国に次ぐ世界第2位となった)。

1966（昭和41）年10月，中央教育審議会は，「後期中等教育の拡充整備について」を答申した。本答申は，「期待される人間像について」と「後期中等教育のあり方について」という二つの諮問事項に対するものであった。後者については，義務教育修了者の約70％が高等学校に進学する教育状況を背景に，その改善，各種学校制度の整備，勤労青少年に対する教育の機会の保障，社会教育活動の充実などが提言された。前者については，今後の国家社会における人間像はいかにあるべきかという教育理念の究明を目的とし，最終的には答申の「別記」として公表され，その後文部省から小冊子として刊行された。

別記「**期待される人間像**」は，高坂正顕（こうさかまさあき）（1900～1969）を主査とする第19特別委員会によって審議され，(1)当面する日本人の課題，(2)日本人に特に期待されるものから構成されていた。(1)では，人間性の向上と人間能力の開発，世界に開かれた日本人，民主主義の確立が課題として掲げられている。(2)では，恒常的かつ普遍的な諸徳性と実践的な規範とを身に付けるべく今後の日本人として期待されるものが，「個人」「家庭人」「社会人」「国民」の観点から，複数の項目が挙げられた。具体的には，「個人」では「自由であること」「個性を伸ばすこと」「自己をたいせつにすること」「強い意志をもつこと」「畏敬の念をもつこと」，「家庭人」では「家庭を愛の場とすること」「家庭をいこいの場とすること」「家庭を教育の場とすること」「開かれた家庭とすること」，「社会人」

では「仕事に打ち込むこと」「社会福祉に寄与すること」「創造的であること」「社会規範を重んずること」，「国民」では「正しい愛国心をもつこと」「象徴に敬愛の念をもつこと」「すぐれた国民性を伸ばすこと」が示された。

こうして発表された「期待される人間像」には，賛否両論を含めてさまざまな論評が加えられたが，これを契機に道徳教育をめぐる議論が深まりや広がりをみせるには至らなかった。しかし，とりわけ(2)で挙げられた観点や項目の内容が，その後の「学習指導要領」に少なからず影響を与えることになるのであった。

（2）「第三の教育改革」と「四六答申」

1971（昭和46）年6月，中央教育審議会は「今後における学校教育の総合的な拡充整備のための基本的施策について」を答申した。本答申は，戦後の新学制の発足から20年が経ち，技術革新が急速に進む現代情勢の変化をふまえ，就学前教育から高等教育までの学校教育制度の包括的な改革が提言されたものであった。昭和46年に出されたことから，「**四六答申**」と呼ばれる。またこの「四六答申」は，明治初期の「学制」改革，第二次世界大戦後の戦後教育改革に次ぐ，「第三の教育改革」を標榜した。

本答申では，まず学校教育全般の課題として，(1)学校教育に対する国家および社会の要請と教育の機会均等，(2)人間の発達段階と個人の能力・適性に応じた効果的な教育，(3)教育費の適正な配分と負担区分の三点が検討課題とされた。次に教育課程の改善について，(1)小学校から高等学校までの教育課程の一貫性をいっそう徹底すること，(2)小学校では基礎教育の徹底を図るため，教育内容の精選と履修教科を再検討すること，(3)中学校では前期中等教育段階として基礎的，共通的なものをより深く習得させる教育課程の履修と，個人の特性に十分配慮して将来の進路選択の準備段階としての指導を徹底すること，(4)高等学校では生徒の能力，適性，希望に応じたコースの設置など進学の機会を確保することの四点が提案された。これまでの基本的な教育制度の枠組みの組み替えや，教育の量的拡充と質的向上に関するものが盛り込まれていた。

こうした提言のなかには，実際にその後の教育改革において実施に移されたものもあった。たとえば，小学校および中学校の「**昭和52年版学習指導要領**」は，教育内容の精選と，高等学校の「昭和53年版学習指導要領」と合わせて，小・中・高等学校の教育課程の一貫性が図られた。

また，本答申では学校教育の担い手である教員の資質向上策についても提言されていたが，1974（昭和49）年に「学校教育の水準の維持向上のための義務教育諸学校の教育職員の人材確保に関する特別措置法」が公布され，教員の待遇改善が行われるとともに，新教育大学の設置が進められた（1978年に上越教育大学，兵庫教育大学，1981年に鳴門教育大学が開学）。

そして，本答申の改革案は1984（昭和59）年に設置される**臨時教育審議会**に引き継がれていくのであった。

（3）「教育内容の現代化」と「学習指導要領」の改訂

高度経済成長を背景に科学技術の革新に寄与する人材の育成が国家的な要請として叫ばれるようになるなかで，学校教育では基礎学力の充実が図られるが，とりわけ理数系科目を中心として「**教育内容の現代化**」が推し進められていった。1957（昭和32）年10月，ソビエト連邦による人工衛星スプートニク号の打ち上げ成功により衝撃を受けたアメリカでは（「**スプートニク・ショック**」），自然科学教育の改革が起こったが，科学技術教育を振興する動向はわが国にも影響を与えた。

教育課程審議会は，1967（昭和42）年10月「小学校の教育課程の改善について」，1968（昭和43）年６月「中学校の教育課程の改善について」を答申した。調和と統一のある教育課程の実現を趣旨とした二つの答申に基づいて，1968年７月，「**昭和43年版学習指導要領**」が出された（中学校は翌年に出された）。この「昭和43年版学習指導要領」は，「教育内容の現代化」を趣旨とし，とりわけ小学校および中学校の算数・数学，理科の教育内容の精選が図られ，高度な教育内容によって編成された。

具体的に改訂されたのは，授業時数を「最低授業時数」から「標準授業時数」に改めたこと（中学校では175時間の増加となり，週あたり２時間増加の34時間となった），教育課程が小学校および中学校では「各教科」「道徳」「特別活動」

の 3 領域（従前の「学校行事等」が「特別活動」に含まれる），高等学校では「各教科に属する科目及び各教科以外の教育活動」の 2 領域とされたことなどであった。そして，「教育内容の現代化」が図られた理数教育では，たとえば小学校の「算数」には集合が取り入れられ，「理科」では科学の方法の習得，基本的な科学概念の理解，科学的自然観の育成などが目標とされた。また，「学業不振児に対する配慮の事項」により個性や特性，適性などによって振り分ける能力別指導が可能となった（これに対して「能力主義」との批判が加えられた）。

戦後の教育課程は，経験主義に基づいて構成されていたが，「昭和33年版学習指導要領」では系統主義的な編成へと変わり，この「昭和43年版学習指導要領」に至っては，その両者の長所を活かした構成といえるものとなった。

（4）教科書検定と教科書裁判

ところで，1958（昭和33）年から「学習指導要領」が文部省の告示となったことで法的拘束力を持つようになったが，同年12月には「教科用図書検定基準」が全面改訂され，これにより申請教科書の内容をより厳密，詳細に検定するようになった。こうした教科書検定制度の強化は，**教科書裁判**という形になって表面化した。東京教育大学教授の家永三郎（いえながさぶろう）（1913～2002）が，自身の著した『新日本史』について，その検定を不服として国または文部大臣を相手に提訴したいわゆる家永教科書裁判である。

『新日本史』は，1952（昭和27）年以来，高等学校の社会科の教科書として使用されてきたが，1960（昭和35）年の高等学校の「学習指導要領」の改訂に伴う検定で不合格となり，翌年の検定でも条件付き合格ながら290箇所に及ぶ書き換えを求められた。1965（昭和40）年 6 月，家永はこうした検定は憲法第21条第 2 項の禁止する検閲に該当するものであるとの理由から訴訟を起こした（第 1 次訴訟）。1966（昭和41）年に家永は，先の教科書検定での修正意見に対して修正した箇所の改訂申請を行ったが，6 箇所が改訂不許可（不合格）となったため，1967（昭和42）年に文部大臣を相手に不合格処分取消訴訟を起こした（第 2 次訴訟）。なお，1984（昭和59）年には，『新日本史』の1980（昭和55）年度の教科書検定で付された検定意見と1983（昭和58）年度の改訂検定で付された

表11－3　家永教科書裁判の経過と判決内容

	第１次訴訟	第２次訴訟	第３次訴訟
請求内容	国家賠償請求 1965(昭和40)年 ６月12日提訴	不合格処分取消請求 1967(昭和42)年 ６月23日提訴	国家賠償請求 1984(昭和59)年 １月19日提訴
第１審 (東京地裁)	1974(昭和49)年７月16日 (高津判決) 制度・適用合憲 裁量権一部濫用あり	1970(昭和45)年７月17日 (杉本判決) 制度・適用違憲 不合格処分取消し	1989(平成元)年10月３日 (加藤判決) 制度・適用合憲 裁量権一部濫用あり
第２審 (東京高裁)	1986(昭和61)年３月19日 (鈴木判決) 制度・適用合憲 裁量権濫用なし	1975(昭和50)年12月20日 (畔上判決) 裁量権濫用あり 不合格処分取消し	1993(平成５)年10月20日 (川上判決) 制度・適用合憲 裁量権一部濫用あり
第３審 (最高裁)	1993(平成５)年３月16日 (可部判決) 上告棄却 (訴訟終結)	1982(昭和57)年４月８日 (中村判決) 東京高裁に差戻し	1997(平成９)年８月29日 (大野判決) 制度・適用合憲 裁量権一部濫用あり (訴訟終結)
差戻し訴訟審 (東京高裁)	—	1989(平成元)年６月27日 (丹野判決) 訴えの利益なし 却下（訴訟終結）	—

出所：山田恵吾ほか『学校教育とカリキュラム（第三版）』文化書房博文社，2015年。

検定意見によって表現の自由や学問の自由を侵害されたとして，国を相手に損害賠償請求の訴訟を起こした（第３次訴訟）。

表11－3のとおり各訴訟においては，家永の勝訴判決や一部勝訴があったものの，すべてが第３審（最高裁）まで争われ訴訟終結となったが，教科書検定制度はどの判決においても合憲とされた（第２次訴訟の第１審の判決のみ教科書検定制度を「適用違憲」とした）。この教科書裁判の争点は，⑴教科書検定制度それ自体が違憲・違法かという「制度違憲」の問題，⑵教科書検定制度自体は合憲であっても，その運用で違憲となるかという「適用違憲」の問題，⑶教科書検定は違憲でなくとも，検定についての文部大臣の裁量権の範囲を逸脱した違法ではないかとする「裁量権の逸脱・濫用」の問題の三点に整理される。この家永教科書裁判は，30数年間にもわたって争われ，教科書検定制度それ自体の違

憲性は認定されなかったものの，国家による教育権限，管理のあり方をめぐる論争を巻き起こしたのであった。

（5）「教育課程の人間化」と「学習指導要領」の改訂

1976（昭和51）年12月，教育課程審議会は「小学校，中学校及び高等学校の教育課程の基準の改善について」を答申した。本答申には，教育課程の改訂の方向性として，ゆとりある充実した学校生活が謳われていたように，「ゆとり」教育の必要性が打ち出されていた。本答申に基づいて，1977（昭和52）年，小学校および中学校の「**昭和52年版学習指導要領**」が出された。その趣旨は，先の「教育内容の現代化」による知育偏重の教育を是正し，「**ゆとりと充実**」を謳った学問中心から人間中心の教育課程への変更を目指すものであった。

具体的に改訂されたのは，ゆとりある充実した学校生活を実現するために，各教科の指導内容の精選と授業時数の削減であった。たとえば，小学校では350時間が削減され，学年でみると第4学年で70時間（週2時間），第5・6学年で140時間（週4時間）にあたる減少であった。中学校では第1・2学年で140時間，第3学年で105時間の減少であった。とくに従前に重視された理数教育科目の内容が削減され，小学校の「算数」では集合などが削除されて中学校に移行され，中学校の「数学」では不等式が第2学年で，関数の意味は第1学年から第3学年で扱われることとなり，確率・統計は順列の組み合わせの考え方や期待値の意味が削除されるなど，先送りや削減が行われた。しかし，小学校，中学校ともに授業時数の削減ではあったが，学校教育の合計時間数は減少させず，各学校では「ゆとりの時間」（学校裁量時間）といった教育活動が実施され，実際には課題追究や地域交流などの教育活動として運用された。

このように「昭和52年版学習指導要領」は，後述する「**教育荒廃**」という事態が顕在化していくなかで，ゆとりある学校生活を送ることで，知・徳・体の調和と，人間性の育成を図るものであった。そして，「昭和52年版学習指導要領」以降，わが国の教育課程は「ゆとり」路線へと舵を切ったのであった。

学習課題

① 1958（昭和33）年の告示以来，約10年ごとに改訂が加えられた「学習指導要領」（昭和33年，43年，52年版）の方向性や特徴をそれぞれ整理してみよう。

② 1958年に「道徳の時間」が設けられるが，教育活動の全体を通じて行うとされている道徳教育のなかで，「道徳の時間」の意義を考えてみよう。

引用・参考文献

大田堯編著『戦後日本教育史』岩波書店，1978年。

貝塚茂樹『戦後日本教育史』放送大学教育振興会，2018年。

『戦後教育の総合評価』刊行委員会編『戦後教育の総合評価――戦後教育改革の実像』国書刊行会，1999年。

藤田祐介・貝塚茂樹『教育における「政治的中立」の誕生――「教育二法」成立過程の研究』ミネルヴァ書房，2011年。

水原克敏・髙田文子・遠藤宏美・八木美保子『新訂　学習指導要領は国民形成の設計書――その能力観と人間像の歴史的変遷』東北大学出版会，2018年。

文部省『学制百年史（記述編）』帝国地方行政学会，1972年a。

文部省『学制百年史（資料編）』帝国地方行政学会，1972年b。

山田恵吾編『日本の教育文化史を学ぶ――時代・生活・学校』ミネルヴァ書房，2014年。

山本正身『日本教育史――教育の「今」を歴史から考える』慶應義塾大学出版会，2014年。

第12章

臨時教育審議会と教育改革のゆくえ

本章は，1984（昭和59）年に設置された臨時教育審議会以降の教育改革の動向を整理するとともに，現代の教育改革とその課題について考える。具体的には，2006（平成18）年の「教育基本法」の改正を視野に入れながら，新たな学校像の模索の動向と「学力低下」論争を契機とした教育観の転換の背景について検討する。また，「平成29年版学習指導要領」の内容をふまえながら今後の教育改革の課題について考えてみよう。

1　臨時教育審議会と教育改革

（1）「教育荒廃」の顕在化

1970年代後半から顕著となった「**教育荒廃**」は，1980年代に入るとより深刻となっていった。家庭内暴力も増加傾向となり，1983（昭和58）年には1397件とピークを迎えた。また，中学校での**校内暴力**が大きな社会問題となり，1981（昭和56）年に検挙された者のうち約半数は中学生であった。1982（昭和57）年8月にNHKが実施した「中学生・高校生の意識調査」によると，「先生を殴ったことがある」と答えた生徒は，中学生で約1％，高校生で約2％であった。また，「先生を殴ってやりたいと思ったことがある」と答えた生徒は，中学生で約22％，高校生では約33％にのぼった。その一方で，「学校の先生に殴られたことがある」と答えた生徒は，中学生で約31％，高校生で約41％に及び，教師の**体罰**の実態も浮き彫りとなった。

文部省（現在の文部科学省）は，1983年3月，「校内暴力等児童生徒の問題行動に対する指導の徹底について」を通知し，全国の中学校に総点検と対応策を求めた。こうした取り組みによって校内暴力は徐々に鎮静化へと向かったが，それと反比例するように，**いじめ**が深刻な社会問題となっていった。

1986（昭和61）年２月，東京都の中学２年の男子生徒が，公衆トイレで首を吊って自殺しているのが発見された事件（「中野富士見中学いじめ自殺事件」）を契機として，いじめへの関心が社会に広がっていった。いじめは，校内暴力などの逸脱行動とは異なり，可視性（visibility）が低く，その実態を把握することが困難な側面がある。そのため，いじめが表面化するのは，いじめが自殺と結び付いた最悪の場合がほとんどである。逆にいえば，実際に学校で陰湿ないじめが行われていても，被害者が自殺しなければ，いじめの事実が明るみに出ないということでもあった。1980年代半ば以降，子どもたちがいじめを苦にして自らの命を絶つという状況は，決して特異なケースではなくなっていった。

（２）臨時教育審議会の発足と教育

1982年11月，「戦後政治の総決算」を掲げる中曽根内閣が発足した。中曽根は行財政改革を進める一方，1984年８月，内閣総理大臣の諮問機関として**臨時教育審議会**（以下臨教審）を発足させた。臨教審の設置目的は，「社会の変化及び文化の発展に対応する教育の実現の緊要性にかんがみ，教育基本法の精神にのっとり，その実現を期して各般にわたる施策につき必要な改革を図ることにより，同法に規定する教育の目的の達成に資する」（「臨時教育審議会設置法」第１条）ことにあった。

臨教審は，その教育改革を1872（明治５）年の「学制」改革，第二次世界大戦後の「戦後教育改革」に次ぐ，「第三の教育改革」と位置付け，1987（昭和62）年までに四つの答申を行った。臨教審は，教育の画一性，硬直性，閉鎖性を打破して，個人の尊厳，自由・規律，自己責任の原則を確立することを強く求め，「個性重視の原則」を教育改革を進める視点として重視した。

また，臨教審は，学校中心の考え方を改め，「生涯学習体系への移行」を主軸とする教育体系への総合的再編成を図る必要性を提言するとともに，国際化・情報化などの「変化への対応」を今後の社会において重要な課題と位置付けた。

1985（昭和60）年６月の臨教審の第１次答申は，具体的な教育改革として，

(1)学歴社会の弊害の是正，(2)大学入学選抜制度の改革，(3)大学入学資格の自由化・弾力化，(4)**6年制中等学校**の設置，(5)**単位制高等学校**の設置について提言した。続く1986年4月の第2次答申は，(1)生涯学習体系への移行，(2)初等中等教育の改革（徳育の充実，基礎・基本の徹底，学習指導要領の大綱化，初任者研修制度の導入，教員免許制度の弾力化），(3)高等教育の改革（大学教育の充実と個性化のための大学設置基準の大綱化・簡素化等，高等教育機関の多様化と連携，大学院の飛躍的充実と改革，ユニバーシティ・カウンシルの創設），(4)教育行財政の改革（国の基準・認可制度の見直し，教育長の任期制・専任制の導入など教育委員会の活性化）などを答申した。

また，1987年4月の第3次答申は，「生涯学習体系への移行」のための基盤整備，教科書制度改革，高校入試の改善，高等教育機関の組織・運営の改革，スポーツと教育，教育費・教育財政のあり方などの提言を行い，同年8月の第4次答申は，文部省の機構改革（生涯学習を担当する局の設置等），秋季入学制について提言するとともに，第3次答申までの総括を行った。

（3）臨時教育審議会答申の実施と展開

臨教審の四つの答申を受けて，政府は1987年10月に「教育改革に関する当面の具体化方策について――教育改革推進大綱」を閣議決定した。その基本方針は次のようなものであった。

(1)　生涯学習活動の振興や各種スポーツ活動の振興等を図るとともに生涯学習体制を整備すること。

(2)　道徳教育の充実などの教育内容の改善を図り，また初任者研修制度の創設等により教員の資質向上を図るとともに，各般の教育条件の整備に努めるなど初等中等教育の改革を進めること。

(3)　大学審議会における審議をふまえつつ大学改革の諸課題に取り組み，また大学の入試改革を進め，大学院の充実と改革を図るなど高等教育の改革を進めること。

(4)　文部省の機構改革を進めるとともに，教育財政において，教育改革を推進するために必要な資金の重点配分等の財政上の配慮を行うなど教育行財政の改革を進めること。

以上の基本方針に基づき，臨教審の改革提言を実現するための法律や政令等の制定や改正が行われた。初等中等教育関係では，1988（昭和63）年３月に単位制高等学校が創設され，高校生等の海外留学の制度化，帰国子女等に関する高等学校等への入学・編入学の機会の拡大が図られた。また，1989（平成元）年度から教員新規採用後１年間の初任者研修制度が創設され，「教育職員免許法」の改正による教員免許状の種類および免許基準の見直し，教員への社会人活用等の免許制度改正が行われた。

高等教育関係では，1985年９月に文部大臣が指定する専修学校高等課程の修了者に対して大学入学資格を付与する一方，1990（平成２）年度より**大学入試センター試験**が実施された。さらに生涯教育関係では，1988年７月に文部省に生涯学習局が設置されるとともに，1990年６月には「**生涯学習の振興のための施策の推進体制等の整備に関する法律**」が制定された。

2　新しい学校像の模索

（1）学校選択制（学校選択の自由化）の促進

子どもの能力や適性に応じた教育を提供し，市場経済の原理によって教育の「自由」を確保しようとする臨教審の方向性は，教育の「自由化・多様化」と呼ばれた。それを象徴するのが，公立小・中学校を保護者が自由に選択する「**学校選択制（学校選択の自由化）**」である。

臨教審で検討された学校選択制は，1990年代半ばの地方分権と規制緩和の動きと連動しながら，2000（平成12）年度以降に全国各地に広がった。ここには，学校教育をサービス商品とみる意識の浸透が認められるが，教育に市場原理を持ち込む学校選択制に対しては，公教育制度の根幹を揺るがす可能性があるとの指摘もあった。

（2）「開かれた学校づくり」の提唱

臨教審が提唱した6年制中等学校の設置や「**開かれた学校づくり**」の提唱は，1996（平成8）年7月の**中央教育審議会**（以下中教審）の「**21世紀を展望した我が国の教育の在り方について**（第1次答申）」に継承された。「**生きる力**」の育成と「**ゆとり**」の確保を目標として掲げた答申は，その後の教育改革の基調となった。とくに学校制度については，学校・家庭・地域の連携協力の必要性を強く求めることで，社会に対して「開かれた学校づくり」の推進を提唱した。

一般に「開かれた学校」とは，(1)「開かれた学校運営」であること，(2)地域の教育力を活用した学校教育の展開，(3)学校施設の開放の三つを柱とするものであった。この答申を受けた1998（平成10）年9月の中教審答申「**今後の地方教育行政の在り方について**」は，学校の自主性・自律性の確立を強調し，教育委員会と学校の関係の見直し（学校の裁量権の拡大），校長のリーダーシップ強化を中心とした学校経営体制の整備，保護者や地域住民に対するアカウンタビリティ（説明責任）の確立などを提言した。

こうした提言に基づいて実現したのが，職員会議の補助機関化や**学校評議員制度**の導入，民間人校長の登用などである。とくに学校評議員制度は，2000年の「学校教育法施行規則」の改正によって導入された。

（3）新たな学校像のかたち

新しいかたちの公立学校として，保護者や地域住民が一定の権限を持って学校運営に参画する「**コミュニティ・スクール**」（あるいは地域運営学校と呼ばれる）がある。

これは，2001（平成13）年4月に内閣府に設置された総合規制改革会議や中教審の答申などによって提言され，2004（平成16）年の「地方教育行政の組織及び運営に関する法律」の改正によって正式に発足した。

この改正で設置が可能となった**学校運営協議会**は，「学校の運営について協議する機関」（同法第47条の5）として位置付けられ，学校評議員制度よりも保護者や地域住民がより強い権限を持って学校運営に参加することを可能とした。

「コミュニティ・スクール」は，この学校運営協議会を設置している学校であり，主に，(1)校長が作成する学校運営の基本方針を承認すること（必須），(2)学校運営について，教育委員会や校長に意見を述べることができること（任意），(3)教職員の任用に関して，教育委員会に意見を出すことができること（任意）といった権限を持っている。「コミュニティ・スクール」は，学校運営に関する基本的な方針を協議し，承認されるプロセスが求められ，学校と地域との情報共有や連携の深まりが期待された。小中一貫教育への関心の高まりを背景に，小中学校すべてを「コミュニティ・スクール」とする自治体も増えている。また，臨教審による6年制中等学校設置の提言をうけて，1998年6月に「学校教育法」が改正され，1999（平成11）年から中高一貫教育を行う新たなタイプの学校として**中等教育学校**が設置された。

3 「学力低下」論争と「教育基本法」の改正

（1）「平成10年版学習指導要領」と「ゆとり教育」

1996年7月の中教審答申「21世紀を展望した我が国の教育の在り方について（第1次答申）」は，これからの学校教育のあり方として，「生きる力」の育成と「ゆとり」の確保という理念を掲げた。答申は，「生きる力」を「自分で課題を見つけ，自ら学び，自ら考え，主体的に判断し，行動し，よりよく問題を解決する資質や能力」「自らを律しつつ，他人とともに協調し，他人を思いやる心や感動する心など，豊かな人間性」「たくましく生きるための健康や体力」と定義した。そして，「ゆとり」のなかで「生きる力」の育成を目指すという観点から，教育内容の厳選と基礎・基本の徹底，「**総合的な学習の時間**」の設置，完全学校週五日制の導入などを提言した。

「ゆとり」と「生きる力」を柱とした教育理念に基づき，1998年7月の教育課程審議会（現在の中央教育審議会教育課程部会）は，(1)豊かな人間性や社会性，国際社会に生きる日本人としての自覚を育成すること，(2)自ら学び，自ら考える力を育成すること，(3)ゆとりある教育活動を展開するなかで，基礎・基本の確実な定着を図り，個性を生かす教育を充実すること，(4)各学校が創意工夫を生かし特色ある教育，特色ある学校づくりを進めることを内容とする答申を行った。

この答申を受けて，1998年12月に小・中学校の「**学習指導要領**」が改訂され，2002（平成14）年 4 月から全面実施された。また，高校と盲・聾・養護学校（現在の特別支援学校）の改訂は1999年 3 月に行われ，高校については，2003（平成15）年 4 月から全面実施された。

「平成10年版学習指導要領」の主な特徴は，(1)「総合的な学習の時間」の新設，(2)授業時数の大幅削減と教育内容の 3 割削減，(3)授業時数や授業の 1 単位時間の弾力的な運用，(4)中学校の「外国語」の必修化（英語の履修が原則），(5)高校の普通教科に「情報」，専門教科に「情報」と「福祉」の新設，(6)盲・聾・養護学校の「養護・訓練」を「**自立活動**」と名称を改めたことなどであった。とくに，「総合的な学習の時間」の設置は，従来の教科の知識体系による縦割り型の学力に対して，教科で学ぶ知識を横断的に総合化して課題対応型の学力を付けることを目指すものと説明された。

中教審が掲げた「ゆとり」のなかで「生きる力」を育成するという理念と，それを具体化するための教育内容の削減，「総合的な学習の時間」の設置は，一般に「**ゆとり教育**」と呼ばれた。ただし，1977（昭和52）年 7 月の学習指導要領以降，「ゆとり」路線の教育が進められており，「平成10年版学習指導要領」はそれをさらに徹底させるものであった。

（2）「学力低下」問題の展開

「平成10年版学習指導要領」の内容は，完全学校週五日制のもと，「ゆとり」のなかで特色ある教育を展開し，児童生徒に「生きる力」を育成することを目指すものであった。また，教育内容の約 3 割を削減し，各学校が創意工夫を凝らして自由に教育課程を編成できる分野を拡大したことが特徴であった。しかし，教育内容の大幅な削減に対しては，「**学力低下**」を懸念する批判が起こり，学力と「ゆとり」をめぐる激しい論争（「ゆとり教育」論争）が展開された。

そもそも「ゆとり教育」は，1970年代以降に広がりをみせた受験競争への対応でもあり，「個性重視の原則」を実現するための方策として期待された。ところが一方では，削減された学校での授業時間を補うための塾通いが増加し，

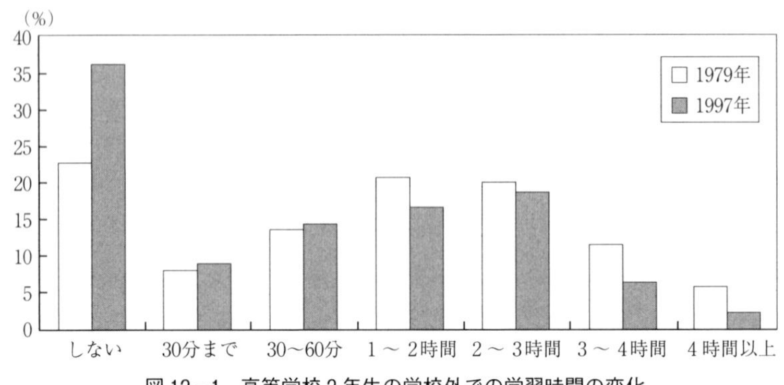

図12－1　高等学校2年生の学校外での学習時間の変化

出所：苅谷剛彦『教育改革の幻想』筑摩書房，2002年，125頁。

とくに都市部では中学受験が過熱化した。ここでは，子どもを通塾させられる世帯とそうでない世帯との経済格差が教育格差に結び付くといった批判や，学校週五日制の導入と教育内容の削減は，各教科における教育内容の系統性を不安定にし，かえって子どもの理解を妨げる要因になるなどの批判もなされた。

「学力低下」批判に拍車をかけたのが，いくつかの国際学力調査の結果であった。たとえば，2003年に OECD（Organisation for Economic Co-operation and Development，経済協力開発機構）が行った生徒の**国際学習到達度調査**（Programme for International Student Assessment：PISA）では，日本の成績は，参加国40か国のうち数学的リテラシーが6位，科学的リテラシーが2位，問題解決能力が4位であり，それぞれ前回の調査を下回った。とくに，読解力リテラシーは14位となり，OECD の平均値まで低下した。

そうしたなかで，2002年，苅谷剛彦（1955〜）が中高生の学習時間に関する調査において，子どもの学習離れを明らかにした。高等学校2年生の学校外での学習時間は，1979（昭和54）年から1997（平成9）年の分布が大きく下方に変化している（図12－1）。また，3時間以上勉強した生徒は16.8%から8.4%へとほぼ半減し，1時間から3時間以内の生徒も40.2%から35.0%へと減少した。さらに，勉強時間が0分という生徒は22.3%から35.4%へと増大している。苅谷の調査研究は，「ゆとり教育」の柱である「教育の多様性」や「自己責任」

の強調が，結果的に階層間の格差を拡大することを指摘したものであった。

（3）「教育基本法」の改正

1990年代以降の政治改革では，いわゆる「政治主導」が進められ，内閣の指導力を回復・強化する方向へと進んでいった。それは，国会制度改革（党首討論の開始，政府委員制度の廃止等），内閣制度改革（副大臣，大臣政務官制度の創設等），そして中央省庁再編（内閣法改正，内閣府の創設等）として実現され，2001年1月，文部省は科学技術庁とともに**文部科学省**に再編された。

首相の私的諮問機関として設置された**教育改革国民会議**は，同年12月の最終報告書「**教育を変える17の提案**」において，「新しい時代にふさわしい教育基本法」の制定を提言した。教育改革国民会議の提言をうけて，2003年3月20日，中教審は「新しい時代にふさわしい教育基本法と教育振興基本計画のあり方」を文部科学大臣に答申し，「**教育基本法**」の改正を求めた。答申は，旧教育基本法（1947年制定）が掲げた「人格の完成」や「個人の尊厳」といった理念を継承したうえで，21世紀を切り拓く心豊かでたくましい日本人の育成を目指す観点から「教育基本法」を改正することの必要性を求めるものであった。

2006年12月22日，「教育基本法」が改正され，公布，施行された。旧法からの主な変更点は，⑴第2条として「教育の目標」が加えられたこと，⑵生涯学習，大学，私立学校，家庭教育，幼児教育，学校・家庭・地域社会の連携・協力などに関する規定が新たに加えられたこと，⑶理念法から振興法としての性格を強め，国および地方公共団体の責務を明らかにしたことなどを挙げることができる。

（4）「平成20年版学習指導要領」と「ゆとり」

教育内容の削減による「学力低下」批判を受けて，文部科学省は，2002年1月に「確かな学力の向上のための2002アピール――学びのすすめ」（以下「学びのすすめ」）を公表した。「**学びのすすめ**」は，「きめ細かな指導で，基礎・基本や自ら学び自ら考える力を身に付ける」「発展的な学習で，一人一人の個性等に応じて子どもの力をより伸ばす」など五つの事項を提示し，個に応じたきめ細かな指導（少人数授業・習熟度別指導）の実施，補充的な学習や家庭学習の充実といった方策を掲げるとともに，「学習指導要領」が最低基準であることを明確にした。「学びのすすめ」が示した方向性は，従来の「ゆとり」路線からの方向転換を意味しており，2003年には，「学習指導要領」が一部改正された。

中教審は，2008（平成20）年１月に「幼稚園，小学校，中学校，高等学校及び特別支援学校の学習指導要領等の改善について」を答申した。これをふまえて，同年３月に小中学校，翌2009（平成21）年３月に高等学校および特別支援学校の「学習指導要領」が改訂された。「平成20年版学習指導要領」は，⑴「教育基本法」の改正等で明確となった教育の理念をふまえ，「生きる力」を育成すること，⑵知識・技能の習得と思考力・判断力・表現力等の育成のバランスを重視すること，⑶道徳教育や体育などの充実により，豊かな心や健やかな体を育成することの三つの基本方針を提示した。また，教育内容に関しては「言語活動の充実」「理数教育の充実」「伝統や文化に関する教育の充実」「道徳教育の充実」「体験活動の充実」「外国語活動の充実」を図ることなどを求めた。

具体的に「平成20年版学習指導要領」では，⑴小学校において，国語，社会，算数，理科，体育の授業時数が６学年合わせて350時間程度の増加，⑵小学校で「外国語活動」（第５・６学年で週１コマ）の新設，⑶小中学校の「総合的な学習の時間」の授業時数の削減，⑷中学校において，国語，社会，数学，理科，外国語，保健体育の授業時数を400時間（選択教科の履修状況をふまえると230時間）程度の増加，⑸中学校では，教育課程の共通性を高めるため，選択教科の授業時数の削減と必修教科の授業時数の増加，⑹中学校において，男女とも武道を必修化するなどの改訂が行われた（表12－1，表12－2）。

「平成20年版学習指導要領」は，「平成10年版学習指導要領」が掲げた「生きる力」の育成という基本理念を基本的には引き継いだ。しかし，「生きる力」の育成を目的とした「総合的な学習の時間」の授業時数は削減され，約40年ぶりに教科の授業時間数と内容が増加した。2003年の「学習指導要領」の一部改正と「平成20年版学習指導要領」によって，「昭和52年版学習指導要領」から始まった「ゆとり」路線は「学力重視」へと大きく転換されたのである。

表 12－1　小学校の1998（平成10）年の年間授業時数

区分	各教科の授業時数									道徳の授業時数	特別活動の授業時数	総合的な学習の時間の授業時数	総授業時数
	国語	社会	算数	理科	生活	音楽	図画工作	家庭	体育				
第 1 学年	272		114		102	68	68		90	34	34		782
第 2 学年	280		155		105	70	70		90	35	35		840
第 3 学年	235	70	150	70		60	60		90	35	35	105	910
第 4 学年	235	85	150	90		60	60		90	35	35	105	945
第 5 学年	180	90	150	95		50	50	60	90	35	35	110	945
第 6 学年	175	100	150	95		50	50	55	90	35	35	110	945

出所：「小学校学習指導要領」（1998年）。

表 12－2　小学校の2008（平成20）年の年間授業時数

区分	各教科の授業時数									道徳の授業時数	外国語活動の授業時数	総合的な学習の時間の授業時数	特別活動の授業時数	総授業時数
	国語	社会	算数	理科	生活	音楽	図画工作	家庭	体育					
第 1 学年	306		136		102	68	68		102	34			34	850
第 2 学年	315		175		105	70	70		105	35			35	910
第 3 学年	245	70	175	90		60	60		105	35		70	35	945
第 4 学年	245	90	175	105		60	60		105	35		70	35	980
第 5 学年	175	100	175	105		50	50	60	90	35	35	70	35	980
第 6 学年	175	105	175	105		50	50	55	90	35	35	70	35	980

出所：「小学校学習指導要領」（2008年）。

4　新たな教育課題と教育改革のゆくえ

（1）「新しい荒れ」と「モンスターペアレント」

1997年，神戸市須磨区で連続児童殺傷事件が発生し，中学３年生の男子生徒が逮捕された。また，翌1998年１月，栃木県黒磯市の中学校では，英語担当の女性教諭が同校１年の男子生徒に刺殺される事件が起きた。これらの事件をきっかけに，非行を予見しがたい「普通の子」が些細なことで「ムカつき」，突然「キレる」行動が問題視され，1970年代から1980年代にかけて顕在化した「教育荒廃」とは異なる「**新しい荒れ**」として注目された。

「新しい荒れ」の現象の一つとして，いわゆる「**学級崩壊**」が大きな社会問題となった。「学級崩壊」とは，突発的な行動をとる児童生徒に周りの者が同調・便乗し，教室内の秩序が一気に崩れて学級が機能しなくなることである。立ち歩き，私語，ノートを取らない，物を投げるという「幼児がえり」したような「無秩序」な教室の様子は，テレビや新聞等でも頻繁に報道された。一方，「学級崩壊」に直面した教師は，欲望を衝動的に爆発させる児童を「宇宙人」「アメーバー」と評し，自分たちのこれまでの指導法が通じないことに苦慮した。また，「新しい荒れ」に対しては，若い教師よりも年配でベテランの教師の方が的確な指導ができないことなども指摘された。

一方で，「不当な要求」を学校に持ち込んでくる保護者，いわゆる「**モンスターペアレント**」が問題視された。給食費を払うことができるのに払わない保護者や「保護者同士の仲が悪いから，子どもたちを別々のクラスにしてほしい」「卒業アルバムでうちの子どもの写真が少ないので，作り直してほしい」という「不当な要求」が学校に持ち込まれた。いわゆる「モンスターペアレント」といわれる保護者の多くは，1960年代以降の高度経済成長期以降に生まれ，学齢期を「ゆとり教育」のなかで育った世代であることも指摘された。彼らは，学校が徐々に権威を失い，教師もかつてのように尊敬の対象ではなくなり始めていた時期に学校教育を受けた世代でもあった。学校・教師の権威が低下し，「子どもの自主性を尊重する」「先生と児童生徒は対等である」というスローガンが声高に叫ばれていた時期に教育を受けた世代にとって，学校や教師に対する視線はより厳しいものとなっていた。また，大学の進学率の上昇によって，教師と保護者の学歴に差異がなくなっていることも社会的要因の一つと指摘された。

こうしたなかで，2000年代に入るとうつ病などの精神疾患で休職する国・公立小中高校と特別支援学校の教員数は増加し，2007（平成19）年度以降は，5000人前後で高止まりを続けた。この背景の一つには，教師の「多忙な労働環境」が指摘されるが，いじめの対応や部活動などの課外活動の負担に加えて，「従来の指導法が通用しなくなり自信を失う」ことや，保護者からの「不当な要求」によって，「保護者との関係が変化し説明を受け止めてもらえず悩む」ケースがあるとされた。

（2）「いじめ対策防止推進法」と「特別の教科　道徳」

いじめは，2000年代に入っても改善することはなく，さらに深刻化していった。文部科学省が実施している「児童生徒の問題行動・不登校等生徒指導上の諸課題に関する調査」において，2018（平成30）年度に全国の小中高等学校で認知されたいじめは，54万4000件近くとなり過去最多となった。また，心身に大きな被害を受ける「重大事態」は602件にのぼり前年度から128件増加して過去最多となり，自殺した332人の児童生徒のうち 9 人がいじめを原因としたものと判断された。

2011（平成23）年に滋賀県大津市で発生したいじめ自殺事件をきっかけとして，2013（平成25）年 9 月に「**いじめ防止対策推進法**」が公布・施行された。同法は，いじめを「児童等に対して，当該児童等が在籍する学校に在籍している等当該児童等と一定の人的関係にある他の児童等が行う心理的又は物理的な影響を与える行為（インターネットを通じて行われるものを含む。）であって，当該行為の対象となった児童等が心身の苦痛を感じているもの」（第 2 条）と定義した。同法は，学校の設置者および学校が講ずべき基本的施策として，⑴道徳教育の充実，⑵早期発見のための措置，⑶相談体制の整備，⑷インターネットを通じて行われるいじめに対する対策の推進を定めた。

また，いじめは実態が捉えにくく，未然防止に力を注ぐことの大切さを強調したうえで，学校は，「児童等の豊かな情操と道徳心を培い，心の通う対人交流の能力の素地を養うことがいじめの防止に資することを踏まえ，全ての教育活動を通じた道徳教育及び体験活動等の充実を図らなければならない」（第15条）とした。また，いじめ問題の深刻化を受けて，とくに道徳教育の充実が大きな課題となった。

2013年１月に内閣の私的諮問機関として設置された教育再生実行会議は，同年２月に発表した「いじめ問題等への対応について（第１次提言）」において，「新たな枠組みによって教科化し，人間の強さ・弱さを見つめながら，理性によって自らをコントロールし，より良く生きるための基盤となる力を育てること」の必要性を提言した。これに基づき，中教審等で審議された後，2015（平成27）年３月27日に，「学校教育法施行規則」の一部を改正する省令および「学習指導要領」の一部改正が告示され，「学校教育法施行規則」のなかで「道徳」は「特別の教科である道徳」と改められた。小学校では2018年度，中学校では2019年度から検定教科書を使用した「**特別の教科　道徳**」の授業が実施された。

（３）教育格差と「子どもの貧困」

1990年代以降，家庭の経済的格差が，児童生徒の学力格差を拡大していることが指摘された。また，さまざまな調査によって社会階層間での保護者の学歴や経済力の格差が，児童生徒の学習意欲や学習時間の差と関係性を持つと同時に，進学機会の格差に伴う学歴の格差が，その後の所得や地位にも大きく影響することが明らかとされた。

厚生労働省の「国民生活基礎調査」によれば，2015年の子どもの相対的貧困率[(1)]は13.9％であり，1985年の10.9％と比べて悪化している。とくに，子どものいる現役世代のうち，大人が１人の世帯での貧困率は54.6％と高くなっている。

---

(1)　相対的貧困率とは，OECD の作成基準に基づき，世帯収入から子どもを含む国民一人ひとりの所得を仮に計算し順番に並べ，全体の真ん中の人の額（中央値）の半分（貧困線）に満たない人の割合である。子どもの貧困率は，18歳未満でこの貧困線に届かない割合を指す。

（4）「平成29年版学習指導要領」と今後の教育課題

2017（平成29）年3月31日に「幼稚園教育要領」，小中学校の「学習指導要領」が告示され，幼稚園は2018年度から，小学校は2020（令和2）年度，中学校は2021（令和3）年度から全面実施された。「平成29年版学習指導要領」では，次の点が重視された。

⑴　教科等を「知識及び技能」「思考力，判断力，表現力等」「学びに向かう力，人間性等」の三つの柱で再構成したこと。
⑵　**「主体的・対話的で深い学び」**の観点から，これまでの教育実践の蓄積をふまえて授業を見直し，改善したこと。
⑶　学校全体として教育内容や時間の適切な配分，必要な人的・物的体制の確保，実施状況に基づく改善といったカリキュラム・マネジメントの確立を求めたこと。

具体的に「平成29年版学習指導要領」は，⑴国語教育を中心とした言語能力の確実な育成，⑵理数教育の充実，⑶日本の伝統や文化に関する教育の充実，⑷小学校において中学年で外国語活動（35単位時間），高学年で外国語科（70単位時間）を導入する外国語教育の充実，⑸体験活動の重視，⑹各教科等における情報活用能力の育成，⑺現代的な諸課題に対応するために求められる資質・能力を教科等横断的な視点で育成することの重視などが特徴であった。

以上述べてきたように，臨教審以後の教育政策は，「個性重視の原則」や「生きる力」をキーワードとする教育の「自由化・多様化」を基調として展開した。現在進められている教育改革は，基本的には臨教審答申が示した方向性を具体化するものとして位置付けることができる。

現在進められている教育改革をどのように評価し，将来の教育をいかに展望するかということはけっして簡単な問題ではない。しかし，歴史を冷静に検証し，その基底となるものを着実に見据えることが，今後の教育改革のゆくえを考えるための重要な視点となることは否定できない。AIの急速な進展をはじめ，新たな社会変化に対応するためには，必然的に教育内容や教育観の再構成が求められる。また，それに対応する教員の資質・能力も厳しく問われることになる。ICT 化の促進や教員の「働き方改革」などの新たな社会変化のなかで，改めて「学ぶ」とはどういうことか，という教育の原点を歴史的に考えることの意義は，今後ますます重要となる。

学習課題

① 臨時教育審議会の歴史的意味と新たな学校像のあり方について考えてみよう。

② 「教育荒廃」「新しい荒れ」の意味について，戦後の社会変化という観点をふまえて考えてみよう。

③ 教育の歴史をふまえて，今後の教育改革はどうあるべきかについて，考えてみよう。

引用・参考文献

市川昭午『教育基本法改正論争史――改正で教育はどうなる』教育開発研究所，2009年。

小川正人・岩永雅也『日本の教育改革』放送大学教育振興会，2015年。

貝塚茂樹『戦後日本教育史』放送大学教育振興会，2018年。

苅谷剛彦『教育改革の幻想』筑摩書房，2002年。

松岡亮二『教育格差――階層・地域・学歴』筑摩書房，2019年。

水原克敏『学習指導要領は国民形成の設計書――その能力観と人間像の歴史的変遷』東北大学出版会，2010年。

文部省『学制百年史（記述編）』帝国地方行政学会，1972年。

山田恵吾編『日本の教育文化史を学ぶ――時代・生活・学校』ミネルヴァ書房，2014年。

山田恵吾・藤田祐介・貝塚茂樹・関根明伸『教育課程を学ぶ』ミネルヴァ書房，2019年。

山本正身『日本教育史――教育の「今」を歴史から考える』慶應義塾大学出版会，2014年。

教育史年表

西洋	日本
BC 6 世紀　ピュタゴラス，数の思想を確立〔希〕	
BC 399　ソクラテス，毒杯を飲んで処刑〔希〕	
BC 387　プラトン，アカデメイアを開設〔希〕	
BC 335　アリストテレス，リュケイオンに学園を開く〔希〕	
BC 50頃　キケロ『弁論家について』〔羅〕	
28　イエス・キリストの磔刑	
68　クインティリアヌス，修辞学校を開く〔羅〕	
95　クインティリアヌス『弁論家の教育』〔羅〕	
313　ミラノ勅令，ローマ帝国がキリスト教を公認〔羅〕	
380　サンピエトロ大聖堂，カトリックの総本山となる〔羅〕	
397　アウグスティヌス『告白』〔羅〕	
476　西ローマ帝国滅亡〔羅〕	5 世紀頃　漢字・儒教が伝わる
	600　遣隋使を派遣（大陸文化の摂取）
	604　聖徳太子，十七条憲法を制定
	671　百済貴族の鬼室集斯が学職頭に任ぜられる
	671　庠序が創建される
	701　大宝律令の制定，大学・国学の設置
	712　『古事記』成る
	720　『日本書紀』成る
	771頃　石上宅嗣，芸亭を開設
	805　最澄，天台宗を開く
	806　空海，真言宗を開く
	818　最澄『山家学生式』
	821　藤原氏，勧学院を開く
	828　空海，綜芸種智院を開設
	844　橘氏，学館院を開設
	1175　法然，浄土宗を開く
1200　朱子没，朱子学派の成立〔中〕	
1215　英国王，「マグナ・カルタ」に署名〔英〕	
	1224　親鸞『教行信証』
	1231-53　道元『正法眼蔵』

		1253		日蓮，法華宗（日蓮宗）を開く
1265頃-	トマス・アクィナス『神学大全』〔伊〕			
		1275頃		北条実時，金沢文庫を開設
1313	ダンテ『神曲』〔伊〕			
		1402頃		世阿弥『風姿花伝（花伝書）』
1423	ヴィットリーノ「楽しい家」〔伊〕			
		1432		上杉憲実，足利学校を再興
1441	グーテンベルク，活版印刷を発明〔独〕			
1453	東ローマ帝国滅亡〔羅〕			
1486	ピコ・デラ・ミランドラ『人間の尊厳について』〔伊〕			
1497	レオナルド・ダ・ヴィンチ「最後の晩餐」〔伊〕			
1511	エラスムス『痴愚神礼賛』『学習方法論』〔蘭〕			
1516	トマス・モア『ユートピア』〔英〕			
1517	ルター『教理問答書』，宗教改革運動はじまる〔独〕			
1522	ルター『新訳聖書』独訳刊〔独〕			
1529	エラスムス『幼児教育論』〔蘭〕			
1534	ラブレー『ガルガンチュア物語』キケロ主義を批判〔仏〕			
		1549		サビエル来航，キリスト教が伝わる
1580	モンテーニュ『エセー』〔仏〕	1580		織田信長が安土に天主教学校設置を許す
		1592		豊臣秀吉，キリスト教布教を禁ずる
1612	ラトケ，母国語を重視，独帝国議会に学校改革意見書を提出〔独〕			
1620	ベーコン『新オルガノン』〔英〕			
		1630	寛永７	林羅山，上野忍岡に家塾「弘文館」を開く
1633	ガリレオの宗教裁判〔伊〕			
1637	デカルト『方法序説』〔仏〕			
		1641	寛永18	中江藤樹，家塾「藤樹書院」を近江に開く 池田光政が熊沢蕃山を招き藩学「花畠教場」を開く
1644	ミルトン『教育論』〔英〕			
1657	コメニウス『大教授学』〔チェコ〕			
1658	コメニウス『世界図絵』〔チェコ〕			
		1662	寛文２	伊藤仁斎，京都の堀川に「古義堂」（堀川塾）を開く
		1665	寛文５	山鹿素行，古学を唱える
1670	パスカル『パンセ』〔仏〕			

		1675	延宝3	岡山藩主池田光政，郷学「閑谷学校」を設立し，庶民の入学を許可
1678	バニヤン『天路歴程』第1部〔英〕			
1684	ラ・サール，キリスト教学校同盟を設立〔仏〕			
1687	フェヌロン『女子教育論』〔仏〕			
1690	ロック『人間知性論』〔英〕			
		1691	元禄4	林家塾が湯島に移転
1693	ロック『教育に関する考察』〔英〕			
		1710	宝永6	貝原益軒『和俗童子訓』 荻生徂徠が家塾「蘐園塾」を開く
		1716	享保1	徳川吉宗の享保の改革が始まる
		1719	享保4	長州藩が藩学「明倫館」を萩に建てる
		1729	享保14	石田梅岩，心学を唱える
1748	モンテスキュー『法の精神』〔仏〕			
		1755	宝暦5	熊本藩，藩学「時習館」を建てる
		1757	宝暦7	本居宣長，家塾「鈴屋」を建てる
1762	ルソー『エミール』『社会契約論』〔仏〕			
1763	ラ・シャロッテ『国民教育論』〔仏〕			
		1773	安永2	薩摩藩，藩学「造士館」を起こす
1774	バセドウ，デッサウに汎愛学院を開設〔独〕			
1776	アダム・スミス『国富論』〔英〕 カント『教育学』〔独〕 アメリカ独立宣言〔米〕	1776	安永5	米沢藩が藩学「興譲館」を開く
1779	ジェファーソン「知識普及促進法案」〔米〕			
1780	ペスタロッチ『隠者の夕暮』〔瑞〕 ザルツマン『蟹の書』〔独〕			
1781	ペスタロッチ『リーンハルトとゲルトルート』〔瑞〕			
		1790	寛政2	松平定信，寛政の改革，寛政異学の禁（朱子学を正学とする）
1792	コンドルセ，公教育改革案『公教育論』〔仏〕			
1795	ゲーテ『ウィルヘルム・マイスターの修業時代』〔独〕			

1797	ペスタロッチ『探究』〔瑞〕	1797	寛政 9	昌平坂学問所（昌平黌）を官立とし管理を林家から幕府に移す
		1798	寛政10	本居宣長『古事記伝』
1801	ペスタロッチ『ゲルトルートは如何にしてその子等を教うるか』〔瑞〕			
1803	カント『教育学』			
1804	ヘルバルト『ペスタロッチの直観のABC』〔独〕			
		1805	文化 2	広瀬淡窓，家塾「桂林荘」を開く
1806	ヘルバルト『一般教育学』〔独〕			
1807	フィヒテ『ドイツ国民に告ぐ』〔独〕			
1808	ゲーテ『ファウスト』第 1 部〔独〕			
1813	オーエン『新社会観』〔英〕			
		1815	文化12	杉田玄白『蘭学事始』
1816	オーエン，ニューラナークに性格形成学院を設立〔英〕			
		1817	文化14	広瀬淡窓，「桂林荘」を「咸宜園」と改名する
1818	J. ミル『教育論』〔英〕			
		1823	文政 6	シーボルト，長崎郊外に「鳴滝塾」を開き，医学・自然科学を教授
1826	フレーベル『人間の教育』〔独〕			
	ペスタロッチ『白鳥の歌』〔瑞〕			
1829	ゲーテ『ヴィルヘルム・マイスターの遍歴時代』〔独〕			
1833	ギゾー法〔仏〕			
1835	ヘルバルト『教育学講義綱要』〔独〕			
1837	ホレース・マン，マサチューセッツに初の州教育委員会設置〔米〕			
		1838	天保 9	緒方洪庵，大阪に蘭学の「適塾」を開く
		1839	天保10	高野長英，渡辺崋山が捕らえられる（蛮社の獄）
				水戸藩が藩学「弘道館」を着工，1841年開館
1840	フレーベル，一般ドイツ幼稚園を創設〔独〕			
		1841	天保12	水野忠邦による天保の改革が始まる
		1853	嘉永 6	ペリー来航
		1856	安政 3	吉田松陰，萩に「松下村塾」を

年	事項	年	和暦	事項
				開く
		1858	安政5	福沢諭吉，江戸に蘭学塾を開く（後の慶応義塾）
1859	ダーウィン『種の起源』〔英〕 トルストイ，ヤースナヤ・ポリャーナ校を開設〔露〕			
1860年代	オスウィーゴー運動〔米〕			
1861	スペンサー『教育論』〔英〕			
1862	トルストイ『国民教育論』〔露〕			
		1866	慶応2	福沢諭吉『西洋事情』
1867	マルクス『資本論』〔独〕	1867	慶応3	徳川慶喜，政権を朝廷に返す（大政奉還）。王政復古の大号令
		1869	明治2	昌平黌を大学本校，開成学校を大学南校，医学校を大学東校に改組（後の東京大学になる）。 京都で番組小学校の設置
1870	フォースター法（就学義務規定）成立〔英〕	1870	明治3	福山藩，啓蒙所の開設を始める
		1871	明治4	文部省が設置される
		1872	明治5	学制序文（学事奨励に関する「被仰出書」：太政官布告）および「学制」の公布 福沢諭吉『学問のすゝめ』
		1873	明治6	徴兵令，地租改正条例公布 明六社の創立
		1879	明治12	元田永孚によって「教学大旨」（教学聖旨）が示される 「学制」を廃止し，「教育令」（自由教育令）を公布する
		1880	明治13	「改正教育令」（干渉教育令）
		1881	明治14	「小学校教員心得」「小学校教則綱領」制定
		1885	明治18	太政官制を廃止し，内閣制度創設。伊藤博文が初代総理大臣，森有礼が初代文部大臣に就任
		1886	明治19	「教育令」を廃止し，「帝国大学令」「師範学校令」「中学校令」「小学校令」「諸学校通則」を公布 教科書検定制度発足
		1887	明治20	ハウスクネヒトが来日。ヘルバルト主義を紹介する
1889	セシル・レディ，アボッツホルムの学校	1889	明治22	大日本帝国憲法発布

年	事項	年	元号	事項
	を創設〔英〕 ラングベーン『教育者としてのレンブラント』〔独〕			
		1890	明治23	「教育ニ関スル勅語」渙発（元田永孚・井上毅起草） 小学校令公布（明治19年の小学校令廃止）
		1891	明治24	学級制成立
		1894	明治27	高等学校令公布
1899	ドモラン，ロッシュの学校を開設〔仏〕 ナトルプ『社会的教育学』〔独〕 デューイ『学校と社会』〔米〕	1899	明治32	幼稚園保育及設備規程公布
1900	エレン・ケイ『児童の世紀』〔スウェーデン〕	1900	明治33	小学校令を改定し，義務教育を４年とする
		1903	明治36	国定教科書制度が成立する（前年の教科書疑獄事件のため） 専門学校令公布
1904	ウェーバー『プロテスタンティズムの倫理と資本主義の精神』〔独〕			
1905	アインシュタイン「特殊相対性理論」			
1907	モンテッソーリ「子どもの家」開設〔伊〕	1907	明治40	義務教育年限を６年に延長決定 師範学校規程公布
		1908	明治41	戊申詔書発布（社会不安鎮静のため，綱紀粛正）
1909	モンテッソーリ「モンテッソーリ法」〔伊〕 メーテルリンク『青い鳥』〔白〕	1909	明治42	沢柳政太郎『実際的教育学』
1910	ケルシェンシュタイナー『公民教育の概念』〔独〕			
1912	ケルシェンシュタイナー『労作学校の概念』〔独〕	1912	明治45	及川平治『分団式動的教育法』
		1913	大正２	芦田恵之助『綴り方教授』
1914-18	第一次世界大戦			
1915	クループスカヤ『国民教育と民主主義』〔露〕			
1916	デューイ『民主主義と教育』〔米〕			
1917	スミス・ヒューズ法（職業教育の振興）〔米〕 フロイト『精神分析入門』〔墺〕	1917	大正６	「臨時教育会議」開始
1918	キルパトリック「プロジェクト法」〔米〕 フィッシャー法〔英〕	1918	大正７	大学令公布（私立大学等が増設） 鈴木三重吉『赤い鳥』創刊 高等学校令改正
1919-55	進歩主義教育協会〔米〕	1919	大正８	下中弥三郎ら，啓明会を設立
1919	シュプランガー『文化と教育』〔独〕			

	ウォッシュバーン「ウィネトカ・プラン」〔米〕 コンパニヨン協会〔仏〕 シュタイナー「自由ヴァルドルフ学校」創設〔独〕			
1920年代	モリソン・プラン〔米〕			
1920	パーカースト「ドルトン・プラン」〔米〕			
1921	ニイル「サマーヒル学園」開設〔独〕	1921	大正10	八大教育主張講演会開催
		1922	大正11	全国水平社設立
1924	ペーターゼン「イェーナ・プラン」実施〔独〕	1924	大正13	『キング』創刊
		1925	大正14	治安維持法，普通選挙法成立
		1926	大正15	幼稚園令公布
1927	ハイデッガー『存在と時間』〔独〕			
		1929	昭和4	生活綴方運動や北方教育運動などのプロレタリア教育運動起こる
1930年代	ヴァージニア・プラン，カリフォルニア・プラン〔米〕			
1932	ラッセル『教育と社会体制』〔英〕			
1933	マカレンコ『教育詩』〔露〕	1933	昭和8	国際連盟を脱退
		1935	昭和10	青年学校令公布
1936	ヒットラー「ユーゲント法」〔独〕			
		1937	昭和12	『国体の本義』刊行 教育審議会設置
1938	エッセンシャリスト宣言〔米〕	1938	昭和13	国家総動員法成立
1939-45	第二次世界大戦			
		1941	昭和16	国民学校令公布 太平洋戦争起こる
		1943	昭和18	中等学校令公布，大学令改正 学徒出陣
		1945	昭和20	「戦時教育令」を公布 ポツダム宣言を受諾，GHQ が軍国主義禁止を指令 「四大教育指令」
1946	フランクル『夜と霧』〔墺〕	1946	昭和21	第1次『アメリカ教育使節団報告書』提出。教育刷新委員会設置 日本国憲法公布（11月3日。施行は半年後の5月3日）
1947	ランジュバン・ワロン教育改革案〔仏〕 ウィーナー『サイバネティックス』〔米〕	1947	昭和22	教育基本法，学校教育法公布・施行 学習指導要領（試案）の公布

				新学制による教育開始 日本教職員組合結成
1948	世界人権宣言「教育を受ける権利」が国連総会で採択	1948	昭和23	教育委員会法成立
		1949	昭和24	教育職員免許法，教育公務員特例法，社会教育法成立
		1950	昭和25	第２次アメリカ教育使節団来日，勧告 GHQの指令により，レッド・パージ始まる
		1951	昭和26	学習指導要領第１次改訂（試案）
		1952	昭和27	義務教育費国庫負担法 中央教育審議会設置
		1953	昭和28	中央教育審議会答申「義務教育に関する答申」
		1954	昭和29	中央教育審議会答申「教員の政治的中立性維持に関する答申」 「教育二法」成立
1956	ブーバー『教育論』〔イスラエル〕	1956	昭和31	教育委員会任命制となる 教科書検定始まる 地方教育行政の組織及び運営に関する法律
1957	スプートニク・ショック〔ソビエト〕			
1958	国防教育法〔米〕 フルシチョフ教育改革〔ソビエト〕	1958	昭和33	小・中学校で「道徳の時間」特設される 学習指導要領第２次改訂（法的拘束力を備える）
1959	クラウザー報告〔英〕 コナント報告書，ウッズ・ホール会議〔米〕 ボルノー『実存哲学と教育学』〔独〕 ベルトワン改革〔仏〕			
1960	ブルーナー『教育の過程』〔米〕 ブレーメン・プラン〔西独〕	1960	昭和35	日米安保条約改定
		1962	昭和37	義務教育諸学校の教科用図書の無償に関する法律
1965	ラングラン，生涯教育についてユネスコで提起	1965	昭和40	家永三郎，国に対して教科書検定は違憲であるとして提訴
1966	中国文化大革命（社会主義化の促進）〔中〕 ユネスコ，教員の地位に関する勧告	1966	昭和41	中央教育審議会答申の別記として，「期待される人間像」を発表
1967	プラウデン報告〔英〕			

		1968	昭和43	学習指導要領第3次改訂（情操の陶冶）（中学翌年改訂）
1970	シルバーマン『教室の危機』〔米〕			
1971	イリイチ『脱学校の社会』	1971	昭和46	中央教育審議会「第三の教育改革」を答申
1973	OECD,「リカレント教育――生涯学習のための戦略」発表			
		1974	昭和49	教育人材確保法が成立。主任制，専修学校制度発足
1975	アビ改革〔仏〕			
		1977	昭和52	学習指導要領第4次改訂（ゆとりの教育）
		1978	昭和53	高等学校の学習指導要領改訂
		1979	昭和54	養護学校の義務制実施 共通一次試験初めて実施
1983	アメリカ教育省諮問委員会『危機に立つ国家』〔米〕			
		1984	昭和59	臨時教育審議会が中曽根首相の諮問機関として発足
1985	ユネスコ，学習権宣言			
		1988	昭和63	教育職員免許法改正
1989	ユネスコ，児童の権利条約	1989	平成元	学習指導要領第5次改訂（生活科の新設・家庭科の男女共修など） 初任者研修制度の実施
		1990	平成2	中央教育審議会答申「生涯学習の基礎整備について」(「生涯学習センター」の設置)
		1991	平成3	中央教育審議会答申「新しい時代に対応する教育の諸制度の改革について」(新タイプの高校)
		1992	平成4	学校週五日制の実施
		1994	平成6	児童の権利に関する条約を批准
		1996	平成8	中央教育審議会答申「21世紀を展望した我が国の教育の在り方について（第1次答申)」
1997	京都議定書（気候変動枠組条約第3回締約国会議で採決）	1997	平成9	中央教育審議会答申「21世紀を展望した我が国の教育の在り方について（第2次答申)」
		1998	平成10	中央教育審議会答申「新しい時代を拓く心を育てるために」「今後の地方教育行政の在り方について」

				教育課程審議会答申「幼稚園，小学校，中学校，高等学校，盲学校，聾学校及び養護学校の教育課程の基準の改善について」 学習指導要領第6次改訂（総合的な学習の時間の導入）
		2000	平成12	学校教育法施行規則改正 教育改革国民会議最終報告「教育を変える17の提案」
2001	NCLB法（No Child Left Behind Act，「どの子も置き去りにしない」法）制定〔米〕	2001	平成13	文部科学省が誕生
2002	NCLB法施行〔米〕	2002	平成14	文部科学省「確かな学力向上のための2002アピール――学びのすすめ」
2005-14	ユネスコ，国連ESDの十年（「持続可能な開発のための教育」十年）	2005	平成17	中央教育審議会答申「新しい時代の義務教育を創造する」「特別支援教育を推進するための制度の在り方について」
		2006	平成18	中央教育審議会答申「今後の教員養成，免許制度の在り方について」 文部科学省「義務教育諸学校における学校評価ガイドライン」策定 教育基本法改正 学校教育法改正により，盲・聾・養護学校から特別支援学校へ改正
		2007	平成19	教育三法改正（学校教育法改正，地方教育行政法改正，教員免許法改正）
		2008	平成20	幼稚園教育要領，小学校学習指導要領，中学校学習指導要領第7次改訂
		2009	平成21	高等学校学習指導要領，特別支援学校学習指導要領告示 教員免許更新制が導入
		2013	平成25	いじめ防止対策推進法案が可決成立
2016	ブルーナー，没〔米〕			
		2017	平成29	幼稚園教育要領，小・中学校学習指導要領，特別支援学校学習

			指導要領（幼稚部，小学部，中学部）改訂
	2018	平成30	高等学校学習指導要領改訂
	2019	平成31	特別支援学校学習指導要領（高等部）改訂

＊　本年表は広岡義之が原案を作成し，津田徹氏と塩見剛一氏，深井大輔氏の協力を得て作成した。この場をお借りして御礼申し上げます。

人名索引

あ 行

か 行

さ 行

た 行

事項索引

さ 行

た　行

な　行

は　行

《監修者紹介》

広岡義之（ひろおか よしゆき）　編著者紹介参照

林　泰成（はやし やすなり）　上越教育大学・同大学院教授

貝塚茂樹（かいづか しげき）　編著者紹介参照

《執筆者紹介》所属，執筆分担，執筆順，＊は編者

＊広岡義之　編著者紹介参照：はじめに

＊貝塚茂樹　編著者紹介参照：はじめに，第７章，第12章

島田喜行（しまだ よしゆき）　同志社大学文学部助教：第１章，第２章，第３章

山本孝司（やまもと たかし）　岡山県立大学保健福祉学部教授：第４章，第５章，第６章

白石崇人（しらいし たかと）　広島文教大学教育学部准教授：第８章

山田恵吾（やまだ けいご）　埼玉大学教育学部准教授：第９章

須田将司（すだ まさし）　東洋大学文学部教授：第10章

江島顕一（えしま けんいち）　麗澤大学大学院学校教育研究科准教授：第11章

《編著者紹介》

貝塚　茂樹（かいづか・しげき）

1963年生まれ。武蔵野大学教育学部・同大学院教授。筑波大学大学院博士課程教育学研究科単位取得退学。博士（教育学）。主著に『戦後道徳教育の再考――天野貞祐とその時代』文化書房博文社，2013年。『天野貞祐――道理を信じ，道理に生きる』ミネルヴァ書房，2017年。『戦後日本教育史』放送大学教育振興会，2018年。『戦後日本と道徳教育――教科化・教育勅語・愛国心』ミネルヴァ書房，2020年など。

広岡　義之（ひろおか・よしゆき）

1958年生まれ。神戸親和女子大学発達教育学部・同大学院教授。関西学院大学大学院文学研究科博士課程単位取得満期退学。博士（教育学）。主著に『フランクル教育学への招待』風間書房，2008年。『ボルノー教育学研究　増補版』（上・下）風間書房，2018・2019年。『絵で読む教育学入門』ミネルヴァ書房，2020年。レーブレ『教育学の歴史』（共訳）青土社，2015年など。

ミネルヴァ教職専門シリーズ②
教育の歴史と思想

2020年 9 月 30 日　初版第 1 刷発行　　〈検印省略〉

定価はカバーに
表示しています

編著者　貝塚茂樹
　　　　広岡義之
発行者　杉田啓三
印刷者　坂本喜杏

発行所　株式会社　ミネルヴァ書房
607-8494　京都市山科区日ノ岡堤谷町 1
電話代表（075）581-5191
振替口座　01020-0-8076

冨山房インターナショナル・藤沢製本

ISBN 978-4-623-08913-0
Printed in Japan